La direction des Constructions publiques et de l'Architecture de la Ville de Paris est le maître d'ouvrage de la rénovation du musée d'Art moderne de Paris, livrée en septembre 2019. Cette institution fait partie du réseau des quatorze musées de Paris Musées. Le projet architectural a été conçu par h2o architectes, mandataire. Équipe de maîtrise d'œuvre : Équilibre structure, VPEAS, GT2i, Métronome, GGSV Studio, Atelier On, Labeyrie, Terrasol, Risk & Co et Aubry & Guiguet.

The Directorate of Public Construction, Heritage and Architecture of the City of Paris is the client for the refurbishment of the Musée d'Art Moderne de Paris, delivered in September 2019. This institution is part of the network of the fourteen Paris Musées museums. The agency h2o architectes was appointed Architect for the project. Team: Équilibre Structure, VPEAS, GT2i, Métronome, GGSV Studio, Atelier On, Labeyrie, Terrasol, Risk & Co and Aubry & Guiguet.

MODERN
MODERN

Client | Contracting owner: City of Paris – Directorate of Public Construction, Heritage and Architecture, Paris Musées, Musée d'Art Moderne de Paris; supervision unit: Alpha Contrôle; health and safety coordination: IPCS.

Design and project management team | Architect: h2o architectes; structural consultants: Équilibre structure; construction economist: VPEAS; drainage consultants: GT2i; furnishings design: Studio GGSV; site organisation and monitoring: Métronome; lighting: Atelier On; multimedia: Labeyrie; geo-technician: Terrasol; quantity surveyor: Aubry & Guiguet; health and public safety: Risk & Co; fire safety coordination: Thierry Cames.

Companies | Lots 1 & 3 (temporary installation, main building work and finishing jobs): Eiffage Construction Équipements; Lot 2 (asbestos removal): AG Développement; Lot 4 (plumbing, heating ventilation and air conditioning): La Louisiane; Lot 5 (electricity): BECA.

Acknowledgements | Charlotte Hubert, Jean-Jacques Hubert, Antoine Santiard, partners in h2o architectes, would particularly like to thank: the directors and staff of the Musée d'Art Moderne de Paris; the Directorate of Public Construction, Heritage and Architecture of the City of Paris and Paris Musées, for placing their trust in us; the Friends of the Museum (les Amis du Musée) for their patience; the employees of Eiffage Construction Équipements, BECA and La Louisiane, in particular Sébastien Blatanis, Victor Fontaine, William Robert and Patrick Ledant, for their perseverance; the team from h2o architectes, in particular Nestor Ivanov and Adélaïde Breuvart, for their accuracy and thoroughness.

Book | Editorial conception: h2o architectes with Building Paris; graphic design: Building Paris; proofreading: Raphaëlle Roux; translation: Jeremy Harrison; papers: Fedrigoni Constellation Snow Raster 120 g, Munken Kristall 150 g and 120 g, Munken Print White 90 g (15). Printed by Musumeci, Italy, Sept. 2019.

Photographic credits and sources | Stéphane Chalmeau: end papers, pp. 1–15, 25, 144–160; Rapport général de l'Exposition internationale de 1937: pp. 31, 32, 35, 36b; Fonds André Aubert. Académie d'architecture/Cité de l'architecture et du patrimoine/ Archives d'architecture du XXe siècle: pp. 36t, 38, 41; Fonds Exposition d'architecture française: SADG 1939. SIAF/Cité de l'architecture et du patrimoine/Archives d'architecture du XXe siècle: p. 42; h2o architectes: pp. 48–89; Laëtitia Badaut Haussmann: pp. 98–119; Myr Muratet: pp. 122–141.
© Succession H. Matisse : pp. 100, 102, 104, 106, 108, 110, 112, 114, 116, 118.

© 2019, h2o architectes, Paris, and Park Books AG, Zurich
© For the texts, the authors
© For the photographs, Stéphane Chalmeau,
  Myr Muratet, Laëtitia Badaut Haussmann

Park Books
Niederdorfstrasse 54
8001 Zurich, Switzerland
www.park-books.com

Park Books is being supported by the Federal Office of Culture with a general subsidy for the years 2016–2020.

All rights reserved. No part of this publication may be reproduced, stored in a retrieval system or transmitted in any form or by any means, electronic, mechanical, photocopying, recording, or otherwise, without the prior written consent of the publisher.

ISBN 978-3-03860-177-7

Sommaire

Quelques instants avant la livraison	Stéphane Chalmeau	01
Retour vers le futur	Fabrice Hergott	21
Brève histoire d'un musée	Anaël Pigeat	33
Rénover le musée d'Art moderne	h2o architectes	45
Mobilier fantôme	GGSV	85
Composer avec l'existant	h2o architectes & Anaël Pigeat	90
Correspondances	Laëtitia Badaut Haussmann	97
Des hommes et des savoir-faire	Myr Muratet	121
Le musée mis à nu	Stéphane Chalmeau	143

Contents

Just before delivery	Stéphane Chalmeau	01
Back to the future	Fabrice Hergott	27
Brief history of a museum	Anaël Pigeat	39
Refurbishing the Musée d'Art Moderne	h2o architectes	47
Furniture in the spirit	GGSV	87
Working with what was already there	h2o architectes & Anaël Pigeat	93
Connections	Laëtitia Badaut Haussmann	97
Experts and their expertise	Myr Muratet	121
The bare bones of the museum	Stéphane Chalmeau	143

Fabrice Hergott

Né en 1961, Fabrice Hergott a été conservateur au musée national d'Art moderne / Centre Georges-Pompidou de 1985 à 2000, directeur des musées de la Ville de Strasbourg de 2000 à 2006. Depuis 2007, il est le directeur du musée d'Art moderne de Paris.

Retour vers le futur

Pour les conservateurs ou toutes les personnes qui y travaillent, un musée est d'abord une programmation, en deuxième lieu une collection, et ce n'est qu'après que vient le bâtiment. Peut-être sont-ils parfois comme des Professeur Tournesol, tout entiers à leurs préoccupations du moment et sourds (ou aveugles) à leur environnement immédiat. L'architecture, l'enveloppe, est à peine vue. Ce qui compte est ce qu'elle contient et, de tous les contenus, c'est le plus récent, celui qui est en cours d'élaboration, qui occupe toute l'attention et tout le temps.

Prendre du recul sur « son » musée est bien ce qu'il y a de plus difficile. Il aura fallu que ces travaux soient lancés et que leur but se dégage progressivement – moins par la volonté de l'équipe de conservation que grâce à la vision « extérieure » des architectes – pour qu'au musée l'on se rappelle la qualité de l'architecture et, surtout, pour que l'on comprenne que le hall est exactement le lieu où se fait le passage entre la façade du musée et les salles, entre les espaces communs avec le Palais de Tokyo, le ciel, le bassin et le péristyle d'une part et l'intérieur du musée d'autre part. En rouvrant cet automne 2019 après une campagne de travaux, le musée d'Art moderne de Paris retrouve une dimension qu'il avait un peu perdue, notamment dans le hall, grâce à une configuration qui se rapproche de l'état originel. Par son architecture, par ses expositions et ses collections, Le musée d'Art moderne est de longue date un musée à part. Son histoire se confond avec la construction du bâtiment en 1937, une des plus grandes réalisations parisiennes des années 1930. Ce que l'on appelle le style international ou néoclassicisme, dont les autres plus beaux exemples sont, à Paris, le palais de la Porte-Dorée (1931), le palais de Chaillot (1937) et le palais d'Iéna (1939).

Quand le bâtiment a été construit, on associait l'art moderne à une « épuration des formes[1] », que l'on liait à l'usage nouveau du béton armé, celui-ci permettant à la sculpture et aux bas-reliefs de venir rythmer les façades tout en courbes et contre-courbes. « Une alliance équilibrée, harmonieuse et qui renoue avec la grande tradition classique[2]. »

Le musée d'Art moderne de la Ville de Paris ainsi que son voisin jumeau, le musée national d'Art moderne, aujourd'hui Palais de Tokyo, appartiennent aux rares monuments parisiens qui ont été construits avec l'intention d'en faire des musées. À l'exception du Petit Palais, musée des Beaux-Arts de la Ville de Paris construit en 1900, ceux qui existaient avant étaient des réhabilitations d'anciens palais, d'hôtels particuliers ou de villas. Les « musées d'Art moderne », comme on les appelait alors, furent construits très vite par une équipe de quatre jeunes architectes. Le programme se voulait consensuel, « ni trop moderne, ni trop passéiste », afin de laisser entrevoir à la fois la rigueur de la nouvelle architecture, incarnée par Le Corbusier, Auguste Perret et Mallet-Stevens, et de nombreuses références à l'antique comme le grand relief d'Alfred Janniot qui relie les deux ailes, les portes en bronze et les bas-reliefs de Marcel Gaumont donnant sur le bassin central, au-dessus des fenêtres.

Dans le contexte de crise économique, l'ambitieuse Exposition internationale de 1937 devait aider l'industrie et les arts français à apaiser la crainte de plus en plus précise du déclenchement d'une nouvelle guerre. Cette grande architecture, à cheval entre le passé antique et l'art moderne, était pensée comme un lien magique et à demi conscient, capable de garantir que le futur resterait lié au passé, que la fin de l'histoire ne serait pas pour demain.

Le musée d'Art moderne de la Ville de Paris est aussi le dernier musée qui a été construit, à une époque où la notion de musée était encore étroitement liée à celle d'un pouvoir, « centralisateur et hostile » pour reprendre les mots de Dominique Bozo[3], un pouvoir qui disparaîtra avec le développement de l'art moderne. Si l'on évoquait encore l'académisme d'État il y a une génération, le lien entre pouvoir central et art était bien plus présent à la génération précédente.

En 1959, le premier plan des *400 coups*, le film de François Truffaut, est un long travelling depuis une voiture qui descend l'avenue du Président-Wilson. Malgré ses grandes fenêtres, le bâtiment du musée d'Art moderne apparaît comme un large bloc d'architecture fermé à la façon d'un gigantesque coffre, ouvert seulement par une brève trouée qui donne sur la colonnade intérieure. En longeant ses murs, la caméra montre une réalité close et comme un autre monde, hautain et contrôlé, en opposition parfaite avec l'indiscipline fantasque des enfants qui sera le sujet du film.

Il est vrai également que le style architectural du musée est abusivement associé à l'architecture fasciste des bâtiments italiens et allemands des années 1920 et 1930, dont les objectifs de propagande ne s'embarrassaient pas de compromis. À la fin de la guerre, après que l'avenue de Tokyo fut rebaptisée avenue de New-York, il n'était plus important de se souvenir que le musée avait été construit sous le Front populaire, ce premier gouvernement d'union des partis de gauche arrivé au pouvoir l'année d'avant. Ce malentendu dans l'interprétation a sans doute joué longtemps contre une bonne perception de l'édifice et peut expliquer que malgré ses qualités et sa rareté, il n'ait jamais été classé aux Monuments historiques. Mais ce n'est sans doute pas la seule raison.

Pour bien voir le bâtiment, pour en comprendre les qualités, ce n'est pas de l'avenue du Président-Wilson qu'il faut le contempler, mais de la Seine. L'entrée par l'avenue ne permet pas d'observer le site exceptionnel sur lequel a été construit le musée, qui se présente sur plusieurs niveaux, comme une cascade qui descend vers le fleuve. La voie rapide qui longe le quai fait qu'il n'est plus possible de voir l'architecture de là où il était idéal de la voir, d'une large route à circulation lente et paisible telle qu'elle devait l'être en 1937[4] où Paris, par habitude, se regardait encore depuis la Seine comme quand, aux origines, le principal mode de transport urbain et interurbain était le bateau, largement en usage avant l'invention de l'automobile et qui, peut-être, lui survivra.

Depuis la fin des années 1950, la conception des musées a beaucoup évolué. Ceux-ci sont devenus des lieux ouverts qui ne cherchent plus à exercer la même autorité qu'auparavant. Ils ne sont plus ces musées-tombeaux où quelques amateurs venaient vérifier la présence d'une œuvre ou l'évolution d'un artiste recherché. Les musées sont aujourd'hui des lieux qui participent à ce qu'il est convenu d'appeler le tourisme culturel, une sorte de divertissement où l'on vient chercher une information et une émotion superficielle, où la fréquentation, la quantité de visites l'emportent sur la qualité de ce qui est montré et comment cela est montré. Au musée d'Art moderne, peut-être du fait de la qualité architecturale du lieu, ont toujours subsisté une recherche de l'excellence et la pensée qu'il fallait montrer les choses au plus près de ce qu'elles étaient avec un respect de l'histoire, de l'histoire de l'art et des œuvres qui n'est plus si souvent de mise aujourd'hui. Il est probable qu'avec cette rénovation, ceux qui le visitent et ceux qui y travaillent prennent davantage conscience de la qualité exceptionnelle du lieu.

La place du musée d'Art moderne de Paris est établie depuis plus d'un demi-siècle comme étant importante. Elle est celle d'un des musées qui comptent et sa réputation est internationale. Cela tient à son activité, passée et présente, aux nombreuses expositions qui y ont eu lieu depuis les années 1960. Ces expositions qui ont montré des centaines d'artistes originaires de nombreux pays ont non seulement été des succès publics, mais de véritables premières et, régulièrement, pour les artistes concernés, font partie des expositions les plus importantes qui leur aient été consacrées.

Une des raisons non négligeable de ce succès est l'adéquation des expositions, des projets avec les espaces du musée, tant pour les espaces « historiques » du rez-de-chaussée haut que pour les espaces de l'ARC, qui disposent d'une grande verrière recouvrant la presque totalité de la surface et donc d'une magnifique lumière du jour, différente mais tout aussi belle que celle qui vient des verrières du rez-de-chaussée bas pour les espaces des collections, la blanche luminosité parisienne convenant particulièrement bien à la sculpture.

Les musées, depuis quelques années, ne sont plus aussi isolés qu'ils l'ont été dans le passé. Leur rôle n'est plus que rarement d'être un lieu de découverte ou d'exploration de formes nouvelles ou méconnues. Un musée de qualité, dont l'idéal programme d'expositions ne pourrait être que captivant, se devrait d'être, par ses expositions et ses collections, dans une sorte de déséquilibre au profit des œuvres et en avant de la pensée sur elles. Si une exposition répond toujours à une intention assez simple – montrer ou remontrer plusieurs artistes et leurs œuvres –, ce qui est exposé l'est souvent en ce qu'il précède l'idée que l'on peut se faire d'une œuvre. Montrer, c'est d'abord vouloir voir, y compris et d'abord pour ceux, les conservateurs, qui en sont à l'origine. La curiosité intellectuelle est le fond de toute action d'un conservateur de musée. Elle n'est pas très éloignée de celle d'un enfant qui ouvrirait sa montre-bracelet pour comprendre comment elle tourne, si ce n'est que pour un conservateur, il existe une limite qui est le respect de l'intégrité de l'œuvre, l'absolu impératif de ne pas y toucher et de tenter, à force de recherches et de comparaisons, de la montrer dans le meilleur contexte possible, celui-ci étant la proximité d'œuvres du même artiste, sinon du même mouvement.

Une exposition est organisée pour améliorer la perception d'une œuvre, et parfois l'absence de perception. Au sens strict du mot, un conservateur est d'abord quelqu'un qui conserve des œuvres, c'est-à-dire qui veille à l'intégrité des collections dont il a la charge tout en favorisant l'accès du public à celles-ci. Cette fonction essentielle est entrée depuis plusieurs décennies en concurrence avec l'organisation de manifestations, de ce qui s'appelle aujourd'hui le commissariat d'exposition (un autre mot problématique). Dans les deux cas, il faut comprendre que s'occuper d'œuvres d'art, les conserver, les exposer ne sont pas des tâches qu'il est facile de cloisonner.

Regarder, étudier une œuvre est une activité complexe qui ne peut pas se faire sans un aller-retour entre le temps de l'œuvre et celui du spectateur. Les œuvres qui nous sont contemporaines sont lourdes d'un passé, même quand elles le nient, tandis que les œuvres anciennes n'existent que dans la mesure où elles sont confrontées au regard d'aujourd'hui. Cette subtile circulation du regard nécessite un cadre particulier. Ce cadre est d'autant plus efficace qu'il isole l'œuvre de ce qui pourrait parasiter, nuire à sa contemplation. C'est à ce cadre que nous donnons aujourd'hui le nom de musée. Il n'est pas qu'une « *white box* », mais aussi un lieu chargé lui-même d'histoire, de souvenirs, d'habitudes, et contenant d'autres œuvres qui, directement, ou plus généralement par allusions, viennent dialoguer entre elles. Un musée est un lieu où l'exposition d'une œuvre s'inscrit dans l'histoire de l'art et dialogue avec elle. Mais ce lieu doit avoir de manière consciente et visible un lien avec l'histoire, qui est matérialisée par la présence sensible des collections.

Le musée est un lieu qui a su préserver son excellence. Celle-ci est liée à l'état d'esprit des personnes qui travaillent à la conservation, mais aussi à l'ensemble des équipes techniques et administratives, qui sont très attachées au bâtiment, à son histoire. Le lieu possède quelque chose qui lui est propre et que chacun ressent et respecte, souhaite conserver malgré l'évolution de la société. L'état d'esprit expérimental, fait d'audace et de questionnement, qui traverse le lieu est une qualité unique et particulière. Il y a aussi une forme d'éclectisme au sens positif du terme, une ouverture d'esprit qui est le meilleur qu'un musée puisse offrir. Agir toujours au-delà de la pensée, faire des choses dont on devine l'importance mais que l'on fait surtout pour les comprendre.

L'art moderne est un champ très vaste qui n'est toujours pas entièrement parcouru, un immense terrain de jeu, parce qu'il faut garder un esprit ludique où il y a toujours des quantités de découvertes à faire. Et j'aime aussi l'idée qu'il puisse s'agir d'une sorte de contre-pouvoir. D'agir là où les autres n'agissent pas, ou agissent dans un sens qui consiste à donner raison à ceux qui ont le pouvoir de parler, et à ignorer ceux qui n'ont pu ou su obtenir le droit de parler. Peut-être est-ce en cela que l'art moderne est si profondément démocratique.

Pour continuer à exister en tant quel tel, il lui faut rester vivant et cela n'est possible que si d'autres artistes, nouveaux ou oubliés, sont montrés en relation, en référence ou en opposition avec eux. L'art moderne est toujours en débat et l'académisme est toujours un danger. Ce dernier n'est plus dans les écoles d'art ou dans les ministères, mais dans une vision conformiste et complaisante de l'histoire de l'art moderne.

Les idées et les initiatives importantes naissent dans une cristallisation collective qu'il est difficile d'anticiper. La prise de conscience des qualités architecturales du bâtiment s'est faite au cours de ces vingt dernières années et elle s'est concrétisée avec le projet de rénovation du musée. Avant que l'équipe d'architectes ne soit choisie, l'obligation était d'aménager des accès pour les personnes à mobilité réduite dans de nombreux espaces qui n'étaient pas accessibles aux fauteuils roulants. Les travaux de rénovation du musée sont insensiblement devenus une opération de réappropriation du bâtiment qui s'inscrit aussi dans une histoire de la prise de conscience de ce qu'est le musée, son bâtiment et son histoire.

Malgré la qualité des espaces qui leur sont dédiés, malgré les volumes et la lumière du jour dont elles profitent, les salles du rez-de-chaussée bas étaient jusqu'à présent moins accessibles. En entrant par l'avenue du Président-Wilson, distinguer l'accès aux étages bas, où se trouvent les deux versions de *La Danse* de Matisse, la grande composition de Buren et surtout les collections permanentes, n'allait plus de soi. De nombreux visiteurs ignoraient même l'existence de ces collections que la seule signalétique et la présence de deux escaliers, comme une faille dans un rocher, laissaient à peine deviner.

L'espace singulier du hall était finalement devenu représentatif d'un défaut de perception à l'échelle du musée. Cette entrée, que l'on ne voyait plus, était essentiellement un lieu de passage vers les salles d'exposition que l'on traversait à la dérobée après avoir pris ses tickets d'entrée, et ne s'intégrait plus dans le bâtiment. Elle n'avait plus de lien ni avec les salles d'exposition ou de collections, ni avec l'extérieur malgré tout le plaisir que l'on pouvait avoir, l'été, à aller prendre un verre sur la terrasse haute avec son imprenable vue sur la tour Eiffel.

La transformation du hall et surtout l'élargissement de la double volée d'escaliers qui descend de celui-ci vers les collections en changeront certainement la perception. Ainsi que le puits de lumière qui vient redonner aux fenêtres sur l'esplanade une ampleur et une transparence qu'elles avaient perdues avec l'intervention de Pierre Faucheux dans les années 1970. Ces aménagements font que la lumière du jour s'engouffre dans ce hall, qui retrouve ainsi son rôle distributif. Les visiteurs, par la grâce de cette nouvelle architecture, verront et comprendront sans doute de quel côté se trouvent les collections et ne pourront que suivre le lien entre les grandes fenêtres du hall et celles qui s'ouvrent sur les collections. Les nouvelles suspensions elles-mêmes, dessinées d'après les photographies du hall en 1937, devraient contribuer à ce rythme des formes et des lumières en apportant encore plus de cohérence.

Avec cet espace rénové et toutes les nouvelles dispositions qui y sont liées, les détails, le design en accord avec l'architecture, les volumes, la lumière de jour comme de nuit, il faut s'attendre à ce que le public, les visiteurs, les conservateurs et tout le personnel du musée retrouvent un musée plus cohérent, mieux en accord avec son passé et décidément ouvert à son futur.

---

1. Pierre d'Uckerman, *L'Art dans la vie moderne. Architecture*, Paris, Flammarion, 1937, p. 6.
2. *Ibid.*, p. 22.
3. *Les Collections du musée national d'Art moderne*, préface de Dominique Bozo, Paris, Éditions du Centre Pompidou, 1986.
4. C'est en effet ce que l'on voit au début du film de Sacha Guitry, *Donne-moi tes yeux* (1943), qui commence par une visite du musée d'Art moderne depuis l'entrée côté Seine.

Fabrice Hergott

Born 1961, Fabrice Hergott was curator at the Musée National d'Art Moderne / Centre Georges-Pompidou from 1985 to 2000, and director of the Musées de la Ville de Strasbourg from 2000 to 2006. Since 2007, he has been the director of the Musée d'Art Moderne de Paris.

Back to the future

For the curators and all of the people who work in it, a museum is first of all about programming, then about the collection, and only after that, in a distant third place, comes the building. Perhaps, like the absent-minded professors beloved of cartoonists, they are too wrapped up in immediate concerns and oblivious to their surroundings. The architecture, the envelope, barely gets a glance. What matters is what is inside it and, even then, it is the latest project, the stuff that is being worked on at the time, that monopolises everyone's attention.

To take a step back and look at one's museum is the most difficult thing to do. It wasn't until these works were launched and their purpose began gradually to emerge – not so much through any effort on the part of the curatorial team as through the vision of the architects coming from outside – that we at the museum were reminded of the quality of the architecture and, above all, that the entrance hall is the point of transition between the museum's façade and the galleries, between the spaces shared with the Palais de Tokyo, the sky, the ornamental pool and the peristyle on one hand and the museum's interior on the other. When it reopens in autumn 2019 after a campaign of refurbishment, the Musée d'Art Moderne de Paris will have regained a dimension that it had slightly lost, particularly in the entrance hall, which has been reconfigured to bring it closer to the way it originally looked. Through its architecture, its exhibitions and its collections, the Musée d'Art Moderne has always been a distinctively different museum. Its history is closely linked to the construction of the building in 1937; it is one of the great Parisian masterpieces of the 1930s in what is known as international or neoclassical style. Other beautiful examples, in Paris, are the Palais de la Porte-Dorée (1931), the Palais de Chaillot (1937) and the Palais d'Iéna (1939).

When the building was built, modern art was associated with "paring-down of form[1]"; it was linked to the new use of reinforced concrete, which allowed sculpture and bas-reliefs to punctuate the curves and counter-curves of the façades. "A balanced, harmonious alliance, in keeping with the great classical tradition[2]."

The Musée d'Art Moderne de la Ville de Paris and its twin neighbour, the Musée National d'Art Moderne, now the Palais de Tokyo, are among the few Parisian monuments that were purpose-built museums. With the exception of the Petit Palais, Musée des Beaux-Arts de la Ville de Paris, built in 1900, those that existed before had been conversions of former palaces, private town houses or mansions. The "Museums of Modern Art", as they were then called, were built very quickly by a team of four young architects. The project was intended to be consensual, "neither too modern nor too backward-looking" in order to combine the rigour of the new architecture, as exemplified by Le Corbusier, Auguste Perret and Mallet-Stevens, with references to classical style like the great bas-relief by Alfred Janniot linking the two wings, the bronze doors, and Marcel Gaumont's bas-reliefs above the windows overlooking the central pool.

In the context of the economic crisis, the ambitious International Exposition of 1937 was intended to allay the increasing fears of French industry and the French arts that another war might be about to erupt. This great architecture, bestriding modern art and the ancient classical world, was conceived as a magical, partly subconscious link guaranteeing that the future would not be severed from the past, that tomorrow would not see the end of history.

The Musée d'Art Moderne de la Ville de Paris was also the last museum to be built in an era when the notion of a museum was still closely linked to the idea of "centralised, hostile" power, to use the words of Dominique Bozo[3], a power that was to vanish with the development of modern art. Although people still talked about State academicism a generation ago, the relationship between central power and art was much more pronounced in the generation before that.

In 1959, the opening shot of François Truffaut's film *The 400 Blows*, is a long tracking shot from a car driving down the Avenue du Président-Wilson. In spite of its large windows, the Musée d'Art Moderne building looks like a long architectural block, an enormous box, and its only opening the narrow slot giving onto the interior colonnade. As it pans along the walls, the camera shows a walled-in reality – another world, aloof and under control, in stark contrast to the capricious indiscipline of the children, which is the subject of the film.

It is also true that the architectural style of the museum is misleadingly associated with Italian and German fascist architecture of the 1920s and 1930s, a style whose propaganda purposes brooked no compromise. At the end of the war, after the Avenue de Tokyo had been renamed the Avenue de New-York, there was no longer any need to remember that the museum had been built under the Popular Front, the alliance of left-wing parties that had come to office the year before. This misinterpretation of the architecture has probably acted against a proper appreciation of the building for a long time and may explain why, despite its qualities and its unusualness, it has never been classified as a Historic Monument. But that is probably not the only reason.

To get the best view of the building and to understand its qualities, you have to look at it from the Seine, not from the Avenue du Président-Wilson. From the entrance on that side you do not get the effect of the magnificent site on which they built the museum, which cascades down on several levels towards the river. The expressway along the embankment has made it impossible to see the architecture from what used to be the ideal vantage point, a broad waterway with peaceful, slow-moving traffic – and that would still have been the case in 1937[4], when people were still in the habit of looking at Paris from the Seine, as they always had done when the principal mode of urban and interurban transport was the boat; it was widely used before the invention of the motor car and will perhaps outlive the car.

Since the late 1950s, thinking about museums has evolved considerably. They have become open venues that no longer seek to be authoritative in the way they used to be. They are no longer mausoleums, where a few art lovers would come to check on the presence of a work or the development of an artist they were interested in. Museums are now part of what is known as cultural tourism, a form of entertainment in which people come in search of a bit of information and a shallow emotional experience, where visitor numbers are more important than the quality of what is on display and how it is displayed. At the Musée d'Art Moderne, perhaps because of the architectural quality of the place, there has always been a commitment to excellence and the belief that things should be shown as closely as possible to what they are, with a respect for history, art history and the artworks themselves which is often no longer the rule. It is highly likely that with this refurbishment, those who visit the museum and those who work in it will become more aware of the exceptional quality of the place.

The importance of the Musée d'Art Moderne has been acknowledged for over half a century. It is recognised as one of the museums that matter, and its reputation is international. And that is due to its activities, past and present, and to the many exhibitions that have been held there since the 1960s. Those exhibitions, which have featured hundreds of artists from a great variety of countries, have not only been successes with the public, but also genuine first exhibitions, and for the featured artists they have often been one of their most important shows ever.

One of the significant reasons for this success is the compatibility of the exhibitions and projects with the museum's spaces, whether it is the "historical" spaces on the upper ground floor, or the ARC spaces, where glorious daylight pours in through the glass roof that covers almost the entire surface. It is different from, but just as beautiful as the white Parisian light that floods through the windows on the lower ground floor over the collection spaces, and is so well suited to sculpture.

In recent years, museums have not been as isolated as they used to be. Their role is now only rarely to be a place of discovery or exploration of new or unfamiliar forms. The ideal exhibition programme of a good museum should at the very least be fascinating, and in its exhibitions and collections the scales need to be tilted in favour of the works rather than discourse about those works. While an exhibition always fulfills a fairly straightforward intention, namely to exhibit or re-exhibit several artists and their works, what is exhibited is often included because it existed before the idea one may have constructed about the artist's body of work. To exhibit something implies, first of all, a desire to see it, including and especially on the part of the people, the curators, who are behind it. Intellectual curiosity is the bedrock of everything a museum curator does. It is not very different from that of a child taking the back off a wristwatch to understand how it works, except that for a curator there is a limit, which is respect for the integrity of the work, the absolute imperative not to interfere with it, and to try, through research and comparison, to show it in the best possible context, which is achieved by placing it near works by the same artist, or from the same movement.

An exhibition is organised to improve people's perception of a work, and sometimes their lack of perception. Etymologically speaking, the word "curator" derives from the Latin verb *curare*, meaning both "to take care of" and "to be responsible for", and indeed the curator is first and foremost someone who looks after artworks, i.e., someone who safeguards the integrity of the collections under his or her care while promoting public access to them. For several decades now, this essential function has run alongside a responsibility for organising events – also referred to as curating or curatorship. The various aspects of a curator's work, looking after works of art, preserving them and exhibiting them are not easily separable tasks.

Looking at and studying a work is a complex activity that cannot be done without time-travelling back and forth between the period of the work and that of the spectator. Works that are contemporary to us are loaded with a past, whatever the artist may say, while older works exist only insofar as they are exposed to a contemporary gaze. This subtle to-ing and fro-ing of the gaze requires a special setting. An environment that is all the more effective because it isolates the work from things that might interfere with it or prejudice one's contemplation of it. This setting is what the word "museum" now refers to. It is not just a "white box", but also a place that is itself charged with history, memories, and traditions, as well as containing other works which, directly, or more generally by allusion, engage in dialogue with one another. A museum is a place where the way a work is displayed throws light on its place in art history and how it resonates with that history. Yet, a museum must be consciously and visibly linked to history: it is the tangible presence of the collections that gives concrete form to history.

The museum is a place that has preserved its excellence. It is to do with the state of mind of the people in the curatorial team, but also everyone in the technical and administrative teams, who are closely committed to the building and its history. The place has something unique about it that everyone feels and respects and is keen to preserve, however society may be changing. The experimental mindset – a matter of boldness and questioning – that pervades the museum is a unique and particular quality. There is also a kind of eclecticism in the positive sense of the word, an openness of mind of the best sort that a museum can have: always operating just beyond what you think, doing things that you sense are important but that you mainly do in order to understand them.

Modern art is a vast field that is still not fully explored, a huge playground. You have to have a play-oriented mindset when there are still so many discoveries to be made. And I also like the idea that one is involved in a kind of challenge to established authority – involved in going where others do not go, except when they are siding with those who already have authority to speak, and ignoring those who have never managed to obtain that right. Perhaps that is why modern art is so thoroughly democratic.

To continue to exist as such, it must remain alive, which is only possible if other artists, new or neglected, are exhibited to show how they relate or are opposed to them, or are referenced by them. Modern art is constantly being debated and academicism is always a danger – no longer in the art schools or in government departments, but in a conformist and complacent attitude to the history of modern art.

Important ideas and initiatives arise out of a collective crystallisation that is difficult to anticipate. Awareness of the building's architectural qualities has grown over the past twenty years and it is now reflected in the refurbishment of the museum. Before the architectural team was chosen, there was a requirement to provide access for people with reduced mobility in many areas that were not wheelchair accessible. The refurbishment of the museum has gradually become a process of re-appropriating the building, and also a matter of becoming aware of what the museum, its building and its history are about.

Despite the quality of the spaces assigned to them, despite their volume and the natural light they receive, the rooms on the lower ground floor have up to now always been relatively hard to get to. If you entered the museum from the Avenue du Président-Wilson, finding your way to the lower floors, where the two versions of Matisse's *Danse*, the large composition by Buren and, most importantly, the permanent collections are housed, was really not obvious. Many visitors were not even aware of these collections; only the signage and the presence of two staircases, like a fault in a rock, made it just about possible to suspect they might exist.

The strange space of the entrance hall had finally become representative of a lack of perception that applied to the whole museum. Nobody looked at the entrance any more; it was really just a place you crossed to get to the exhibition rooms, and people would hurry across it after collecting their entry tickets; it was no longer part of the building. It no longer had any connection with the exhibition rooms or the collections, or with the outside world, despite the exquisite pleasure of slipping up to the upper terrace in the summer for a drink and an uninterrupted view of the Eiffel Tower.

The changes in the entrance hall, especially the widening of the double flight of stairs that leads down from there to the collections, will certainly change people's perception of it. So will the light tube, which restores a breadth and transparency to the windows on the esplanade which they had lost with Pierre Faucheux's refurbishment in the 1970s. These alterations have brought daylight flooding into the entrance hall, allowing it also to regain its distributive function.

Thanks to this new architecture, visitors will probably see and understand which side the collections are on and will be prompted to follow the link between the large windows in the entrance hall and the ones opening onto the collections. The new hanging lights were designed after photographs of the entrance hall in 1937; they should contribute to this rhythm of shapes and lighting by bringing even more coherence.

With this refurbishment and all the new features that go with it – the architectural details, the fixtures and fittings in harmony with the architecture, the volumes, and the lighting both by day and by night –, it is clear that everybody, visitors, curators and all the museum staff, will enjoy the experience of a museum that is more coherent, more attuned to its past, yet resolutely oriented towards its future.

1. Pierre d'Uckerman, *L'Art dans la vie moderne. Architecture*, Paris, Flammarion, 1937, p. 6.
2. *Ibid.*, p. 22.
3. *Les Collections du musée national d'Art moderne*, preface by Dominique Bozo, Paris, Éditions du Centre Pompidou, 1986.
4. This is the opening of Sacha Guitry's film *Donne-moi tes yeux* (1943), which begins with a visit to the Musée d'Art Moderne, going in by the Seine-side entrance.

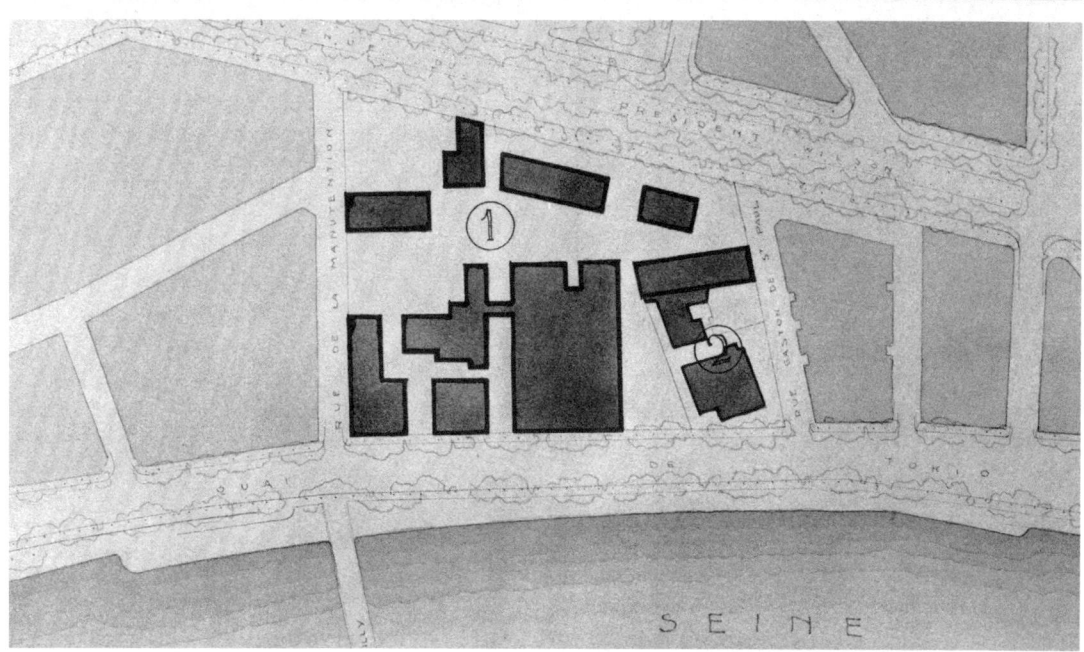

En haut : vue de la Manutention militaire depuis le quai Debilly (aujourd'hui avenue de New-York) en 1934 (cliché Desboutins). *En bas :* plan des sites avant l'Exposition internationale des arts et des techniques appliqués à la vie moderne de 1937.

Top: view of the Manutention Militaire (a military storehouse) from the Quai Debilly (now Avenue de New-York) in 1934 (photo Desboutins). *Bottom:* plan of the sites before the 1937 International Exposition of Art and Technology in Modern Life.

Anaël Pigeat

Critique d'art et journaliste, Anaël Pigeat est actuellement rédactrice pour *The Art Newspaper* édition française, chroniqueuse à France Culture et en charge de la page art de *Paris Match*. Elle a également été rédactrice en chef d'*Art Press* (2011-2018). Elle a travaillé quelques années au musée d'Art moderne de la Ville de Paris, dont elle connaît bien les contours, le fonctionnement et les collections. Elle retrace la naissance du bâtiment qu'on appelait alors palais de Tokyo, les grandes étapes du musée avec ses métamorphoses successives jusqu'à sa rénovation. Ce parcours historique est accompagné de documents d'archives ; de nombreux contenus proviennent du catalogue *Musée d'Art moderne de la Ville de Paris. La collection*, Paris Musées, 2009.

Ci-contre : plan directeur préliminaire de l'Exposition internationale de 1937 dressé par Charles Letrosne et Jacques Greber, architectes en chef. *Ci-dessous :* maquette de l'Exposition internationale de 1937 (cliché Chevojon et Vincent).

Opposite: preliminary master plan for the 1937 International Exposition drawn up by Charles Letrosne and Jacques Greber, chief architects. *Below:* model of the 1937 International Exposition (photo Chevojon and Vincent).

Brève histoire d'un musée

Des débuts mouvementés (1937-1961)

24 mai 1937, le musée d'Art moderne de la Ville de Paris est inauguré à l'occasion de l'Exposition internationale des arts et des techniques appliqués à la vie moderne, qui se tient sur la colline de Chaillot. Les travaux ont duré à peine deux ans. Le bâtiment a été construit sur un terrain qui abritait l'ancienne manufacture de tapis de la Savonnerie ainsi que la Manutention militaire, dont le nom d'une des rues adjacentes rappelle le souvenir lointain. Une enclave le complète, qui appartenait à l'ambassade de Pologne. Jusqu'ici, le réseau des musées de Paris datait du XIXe siècle : la Ville avait installé un premier musée consacré à la production des artistes vivants au Luxembourg en 1818, qui avait été déplacé à l'Orangerie en 1886, puis une partie des collections était partie au Jeu de Paume et l'autre au Louvre. Le Petit Palais avait aussi ouvert ses portes en 1901 en tant que musée des Beaux-Arts municipal.

Pour la construction du nouveau bâtiment, un duo de jeunes architectes a été choisi parmi 128 concurrents, notamment Mallet-Stevens, Le Corbusier et Tony Garnier. Jean-Claude Dondel et André Aubert sont épaulés par deux architectes plus confirmés, Paul Viard et Marcel Dastugue. Les deux bâtiments qui composent le nouveau palais de Tokyo sont partagés entre la Ville et l'État, hébergeant respectivement le musée d'Art moderne de la Ville de Paris et le musée national d'Art moderne. Leurs ailes faussement jumelles s'étagent, autour d'un grand parvis et de bassins de pierre, depuis ce qui est aujourd'hui l'avenue du Président-Wilson jusqu'à la Seine. Dans un style mêlant classicisme et modernisme, l'ensemble repose sur un système de poteaux et de dalles en béton armé, avec des murs de maçonnerie pour la plupart en brique pleine, parés de travertin. Un ambitieux programme sculpté est confié à des artistes de renom comme Antoine Bourdelle, Léon Baudry, Marcel Gaumont ou encore Alfred Janniot, qui a œuvré quelques années plus tôt au musée des Colonies de la porte Dorée.

Le principe de disposer d'espaces en attente non encore aménagés, aujourd'hui repris par h2o architectes dans son programme, semble avoir été présent dès l'origine… même si cela a commencé d'une façon involontaire ! En 1938, à la fin de l'Exposition internationale, l'édifice est livré à la Ville en tant que musée, mais il est inachevé. Pendant la Seconde Guerre mondiale, divers salons s'y succèdent, puis les Allemands s'emparent des sous-sols pour stocker des objets spoliés, parmi lesquels des pianos volés à des familles juives – dont l'amoncellement a inspiré à Laëtitia Badaut Haussmann son intervention *No One Returns I* (2010). À la Libération, des salons se tiennent à nouveau dans le bâtiment, qui reçoit aussi quelques autres affectations plus ou moins surprenantes comme le dépôt des animaux naturalisés du musée de Levallois-Perret. La première Biennale de Paris y prend place en 1959, inaugurée par André Malraux ; une sculpture animée de Jean Tinguely y est particulièrement remarquée. Le palais accueille régulièrement cette manifestation jusqu'en 1982, parfois répartie entre le musée d'Art moderne de la Ville de Paris et, en face, le musée national d'Art moderne.

Un legs considérable de plus de 500 œuvres fait à la Ville de Paris en 1953 par le docteur Girardin, chirurgien-dentiste et collectionneur passionné, modifie considérablement la nature de la collection. Des travaux d'aménagement sont indispensables pour montrer ces tableaux majeurs de Modigliani, Soutine, Gromaire, Braque… Le nouveau musée n'ouvre ses portes qu'en 1961. La structure des salles consacrées aux chefs-d'œuvre demeure partiellement aujourd'hui. Certains des claustras datant de 1937 qui séparent le hall d'entrée des salles d'exposition sont alors supprimés – ils ont été retrouvés récemment. *La Fée Électricité* de Raoul Dufy, commandée en 1937 par la Compagnie parisienne de distribution d'électricité pour le palais de la Lumière et de l'Électricité de Robert Mallet-Stevens, sur le Champ-de-Mars, est installée en 1964 dans l'espace singulier que l'on connaît encore aujourd'hui, en haut d'une volée de marches qui surplombe le hall.

Encore des travaux pour un programme nouveau (1968-1972 et 1991-1994)

En janvier 1967, la création de l'ARC (Animation – Recherche – Confrontation) par Pierre Gaudibert, avec le soutien de Suzanne Pagé, est une nouvelle étape. Suzanne Pagé en prendra la tête en 1973, avant de devenir directrice du musée en 1989. Comme elle le raconte, les événements de Mai 68 font venir un nouveau public. C'est l'époque de l'ouverture à l'art contemporain et du mélange des disciplines autour des arts visuels, du jazz à la photographie. Les expositions sont en général accompagnées par un programme foisonnant de musique, de projections, de danse et de performances dans l'auditorium du musée. Un foyer-bar est également aménagé au bord du hall, à côté de l'auditorium, en 1972. Et une nouvelle salle de lecture est adjointe à la bibliothèque. À quelques pas de la Cinémathèque d'Henri Langlois, le musée d'Art moderne de la Ville de Paris s'est imposé comme l'un des lieux de rendez-vous des avant-gardes à Paris.

Le lieu devient une véritable maison pour les artistes, qui y sont accueillis par des équipes engagées. La programmation est internationale et diverse. Parmi les expositions les plus importantes des débuts de l'ARC, figurent celles consacrées à Robert Rauschenberg (1968), à Andy Warhol (1970-1971), aux « Alternatives suédoises » (1971), mais aussi aux machines volantes de Panamarenko en 1973, à Annette Messager puis à Joseph Kosuth en 1974. Avec le soutien apporté par Pierre Gaudibert au mouvement Supports/Surfaces, à Christian Boltanski, Sarkis, Martin Barré, Gilles Aillaud, Robert Malaval ou encore Robert Filliou, la création française n'est pas en reste. Pendant toute cette époque, l'ARC est une structure nomade qui se déplace du rez-de-chaussée au premier étage, sous la grande verrière, en 1977.

Toujours en mouvement, en 1971-1972, le musée fait l'objet d'une nouvelle campagne de travaux, confiée aux architectes Pierre Faucheux et Michel Jausserand. Des cloisons tombent, des plans inclinés remplacent certains escaliers. Un nouveau plancher est construit dans le hall. Un auditorium et des bureaux pour la conservation sont aussi créés à cette époque. De faux plafonds mobiles, des systèmes de fixation et des douilles dans le sol permettent de disposer des cloisons et un éclairage amovibles, favorisant une muséographie souple et adaptable – mais peu commode en réalité.

Après ces nouveaux travaux, plusieurs expositions collectives montées par l'ARC s'imposent comme des jalons historiques. Certaines explorent des scènes étrangères, ainsi « Tendances actuelles de la nouvelle peinture américaine » (1975), « Canada Trajectoires 73 » (1973) – l'une des premières expositions de vidéo à Paris –, « Un certain art anglais » (1979), « Art Allemagne Aujourd'hui » (1981), ou encore des expositions sur les scènes polonaise (1982) et espagnole (1987). D'autres sont consacrées à des analyses de la société ou bien à des questions plus formelles, par exemple « Mythologies quotidiennes » (1977) ou « Écouter par les yeux » (1980), sur les rapports entre arts visuels et sonores. Les plus grands critiques se succèdent régulièrement comme commissaires d'exposition invités, à qui Suzanne Pagé donne carte blanche, par exemple Catherine Millet, Bernard Lamarche-Vadel, Otto Hahn.

De nombreuses expositions monographiques marquent aussi les apparitions, dans les institutions françaises, de figures essentielles comme Robert Motherwell, Carl Andre, Dennis Oppenheim, Nam June Paik, Giulio Paolini, Jan Dibbets, Jannis Kounellis, James Turrell, Bill Viola, Sigmar Polke… Beaucoup d'entre eux – surtout parmi les Français mais pas seulement – ont été exposés à plusieurs reprises, signe de la fidélité et de l'engagement du musée envers leur travail. D'autres manifestations comme « Les singuliers de l'art » (1978) ou « L'Australie, le rêve ou le réel » (1983) constituent des avancées sur des sentiers peu familiers à l'époque, proches de l'art brut et du monde extra-occidental. Enfin, avec les programmes récurrents « Premières rencontres », « Migrateurs » et, plus tard, « Les ateliers de l'ARC », un soutien actif est mis en place au service d'artistes jeunes et prometteurs dont on voit aujourd'hui encore les noms à l'affiche des grandes expositions internationales.

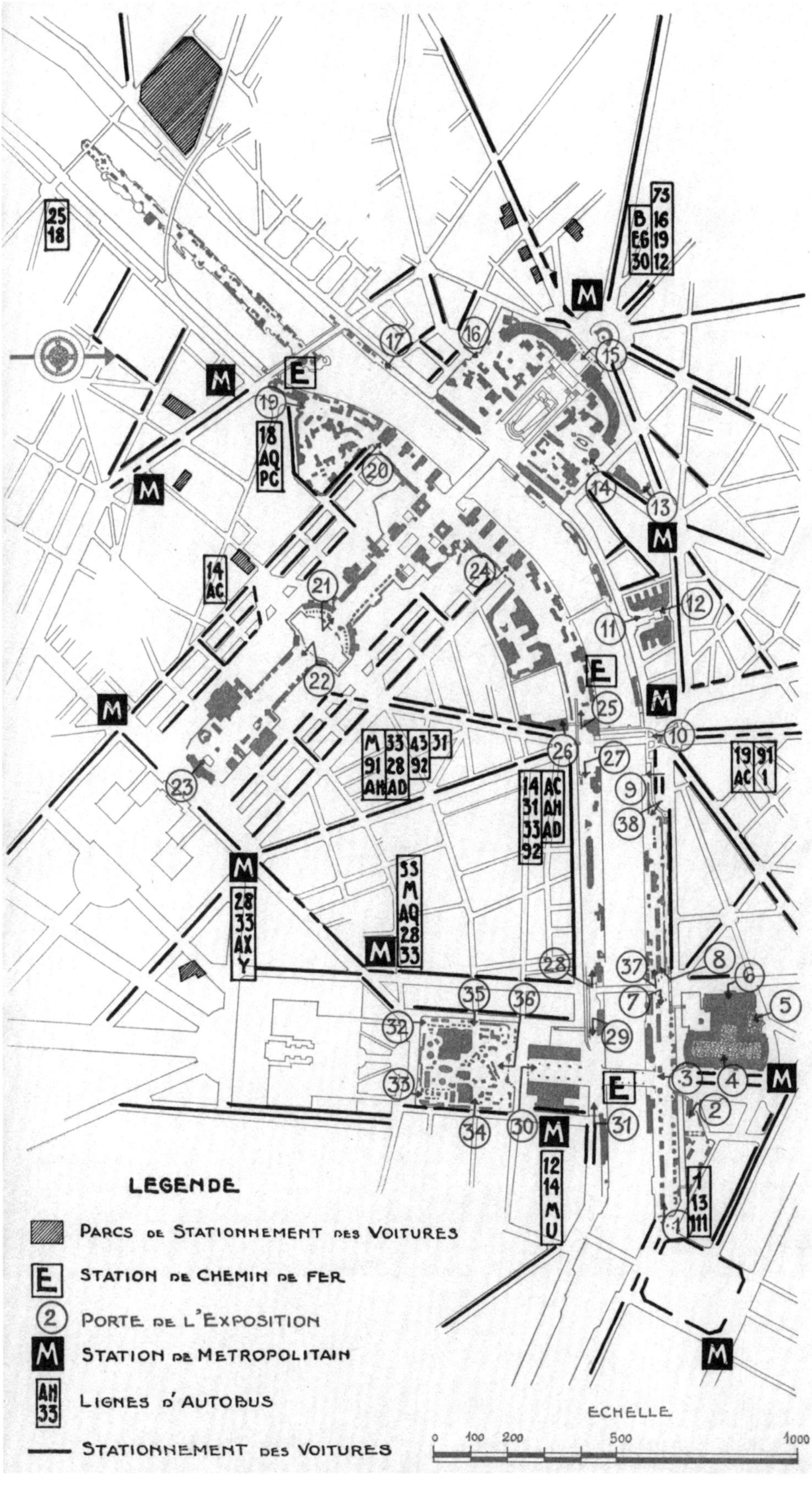

Plan général de l'Exposition internationale de 1937. Accès de l'exposition : portes et moyens de transport.
Overall plan of the 1937 International Exposition. Access to the exhibition; doors and means of transport.

LEGENDE

- Parcs de Stationnement des Voitures
- E Station de Chemin de Fer
- ② Porte de l'Exposition
- M Station de Métropolitain
- AH/33 Lignes d'Autobus
- —— Stationnement des Voitures

ECHELLE 0 100 200 500 1000

En haut : projet lauréat, vue perspective du parvis bas des palais de Tokyo.
En bas : projet lauréat, vue du niveau bas du hall d'accueil.

Top: winning project, perspective view of the lower esplanade of the Palais de Tokyo.
Bottom: winning project, view of the lower level of the reception hall.

En parallèle, une programmation historique permet l'exploration de grands mouvements, par exemple le Bauhaus (1969), et de figures importantes comme John Heartfield (1974), Hannah Höch (1976), Alexandre Rodtchenko (1977), Florence Henri (1978). À partir de 1989, Suzanne Pagé prenant la direction du musée, l'articulation entre la programmation de l'ARC, la programmation historique et la collection devient plus systématique. Comme le souligne Élisabeth Lebovici, Sophie Taeuber est montrée en 1990, suivie par un grand nombre de femmes artistes comme Agnes Martin (1991), Louise Bourgeois (1995), ou encore Roni Horn (1999). Après la rénovation du parvis bas par François Dubuisson en 1988, d'autres travaux seront encore nécessaires, menés par Jean-François Bodin à l'intérieur du musée pour rénover le système d'aération et l'accessibilité. L'accent est alors mis sur les salles d'exposition. En 1993, l'acquisition de *La Danse inachevée* de Matisse donne lieu à l'aménagement spécifique d'une salle autrefois occupée par le musée du Costume, rattaché au musée Carnavalet. S'y trouvent dès lors mises en regard, de façon permanente et magistrale, cette œuvre nouvellement entrée dans la collection et *La Danse de Paris* qui en faisait déjà partie.

Et depuis vingt ans…
Dans les années 1990, d'autres expositions thématiques majeures voient le jour : « L'hiver de l'amour » (1994) sur les années sida, « Passions privées » (1995) sur le geste du collectionneur… Elles sont menées en parallèle de grandes expositions historiques comme « Années 30, le temps menaçant » (1997), « Le fauvisme ou l'épreuve du feu » (1999), « L'École de Paris » (2000), et des monographies comme celles sur André Derain (1994), Alexandre Calder (1996), Francis Picabia (2002). En 2000, de nouveaux espaces d'exposition sont aménagés à la faveur de travaux réalisés par Atelier Canal, parmi lesquels la salle Boltanski qui abrite *La Réserve du musée des enfants* et une salle de vidéo au sous-sol du musée. De l'autre côté du parvis, après l'installation du musée national d'Art moderne au Centre Pompidou en 1977, le bâtiment héberge différentes institutions, la Cinémathèque et la Fémis notamment, puis le Palais de Tokyo, site de création contemporaine, ouvre ses portes en 2002. L'ensemble du bâtiment lui est attribué en 2012.

En 2007, l'arrivée de Fabrice Hergott à la tête du musée d'Art moderne de la Ville de Paris marque le début d'une époque nouvelle. Dans le champ de l'histoire de l'art, les expositions explorent souvent des aspects méconnus de l'œuvre d'un artiste, comme les dernières années de Giorgio De Chirico. On assiste aussi à des redécouvertes : Carol Rama, Bernard Buffet, Jacques Grinberg. La programmation des expositions est marquée par la création allemande : la peinture d'A. R. Penck, la sculpture de Georg Baselitz… D'importantes donations marquent les années 2010, par exemple celle de la collection du galeriste Michael Werner, et d'un ensemble d'œuvres d'Henry Darger concernant ses *Vivian Girls*. La programmation des expositions contemporaines connaît également un dynamisme renouvelé. La peinture y trouve une place particulière, avec des figures comme Peter Doig, Marc Desgrandchamps ou Christopher Wool. À la suite de l'essoufflement progressif des Ateliers de l'ARC puis de leur arrêt définitif, « Dynasty » (2010) propose une nouvelle grande exposition prospective, réalisée en miroir avec le Palais de Tokyo de l'autre côté du parvis. Des hommages à de jeunes artistes internationaux rarement montrés en France se succèdent également sur les cimaises du musée, comme Ryan Trecartin (2011) ou, plus récemment, Thomas Houseago (2019).

Le choix de l'agence h2o architectes pour la rénovation du musée traduit la volonté d'un dialogue profond avec l'histoire et le bâtiment. Au fil des ans, l'extérieur du musée avait peu varié, ce sont surtout les espaces intérieurs qui n'ont cessé d'évoluer, dans la perspective de préserver et de développer cette « maison » qu'est le musée d'Art moderne de Paris, un lieu peuplé de fantômes, visibles dans les strates architecturales. C'est à toute la finesse et à la complexité de ce contexte qu'h2o architectes s'est confronté pendant trois ans, avec la conviction que « laisser un projet ouvert est une politesse élémentaire ».

Anaël Pigeat

Art critic and journalist, Anaël Pigeat is currently an editor-at-large for the French edition of *The Art Newspaper*, a commentator on France Culture and responsible of the art section of *Paris Match*. She was editor-in-chief of *Art Press* (2011–2018). She worked for a few years at the Musée d'Art Moderne de la Ville de Paris, and is familiar with its architecture, its organisation and the collections. She describes the early beginnings of the building, known at that time as the Palais de Tokyo, milestones in the museum's history including its several metamorphoses up until this refurbishment. This historical overview is accompanied by archive documents; a large amount of information used in this text are taken from the catalogue *Musée d'Art moderne de la Ville de Paris. La collection*, Paris Musées, 2009.

Ci-contre : les architectes sur le chantier du musée. André Aubert à gauche, Jean-Claude Dondel à droite. *En bas :* photographie du chantier prise depuis la rotonde du niveau 2 côté Wilson en regardant vers l'est, 1937. Le plancher du niveau 3 des actuelles cuisines du restaurant n'existe pas encore.

Opposite: the architects on the museum construction site: André Aubert on the left, Jean-Claude Dondel on the right. *Bottom:* photograph of the site taken from the rotunda on level 2 on the Avenue du Président-Wilson side looking east, 1937. The floor on level 3, where the current kitchens of the restaurant are located does not exist yet.

Brief history of a museum

Eventful beginnings (1937–1961)

The Musée d'Art Moderne de la Ville de Paris was officially opened on 24 May 1937 for the International Exposition of Art and Technology in Modern Life. Construction work was completed within two years. It was built on a hill, on the site of an old carpet factory – La Savonnerie – and a military storehouse – La Manutention Militaire. The latter is commemorated in the name of an adjacent street. The land also included an enclave belonging to the Polish Embassy. Until then, the network of Paris museums all dated back to the 19th century. The City of Paris had set up a first museum devoted to the work of living artists in the Luxembourg in 1818, which was moved to the Orangerie in 1886. Part of the collections then went to the Jeu de Paume and the rest to the Louvre. The Petit Palais opened its doors in 1901 as the Musée des Beaux-Arts de la Ville de Paris.

For the construction of the new building, a team of two young architects was chosen from a field of 128 candidates that included Mallet-Stevens, Le Corbusier and Tony Garnier. Jean-Claude Dondel and André Aubert were supported by two more experienced architects, Paul Viard and Marcel Dastugue. The two buildings that constituted the new Palais de Tokyo were shared between the City of Paris and the State, and they housed, on the one hand, the Musée d'Art Moderne de la Ville de Paris and, in the state-owned building, the Musée National d'Art Moderne. The apparently, but not in fact, identical wings of the two buildings enclose a large forecourt and descend in terraces around stone fountains from what is now the Avenue du Président-Wilson down to the River Seine. In a style that combines classicism and modernism, the structure is supported by a system of reinforced concrete columns and flagstones, with masonry walls, most of which are made of solid bricks and clad in travertine. An ambitious programme of sculptures was entrusted to leading contemporary artists such as Antoine Bourdelle, Léon Baudry, Marcel Gaumont and Alfred Janniot; it was Janniot who a few years earlier, had created the bas-reliefs representing French colonies on the Palais de la Porte Dorée.

The principle of having yet-to-be developed vacant spaces, which h2o architectes have incorporated into their current project, seems to have been present from the outset – even if it came about unintentionally. In 1938, when the International Exposition ended, the building was handed over to the City as a museum, but it was not fully completed. During the Second World War, a series of salons were held there, then the Germans took over the basements to store looted belongings, including pianos taken from Jewish families – those stolen pianos inspired Laëtitia Badaut Haussmann's sound installation *No One Returns I* (2010). After the Liberation of Paris, salons were held once more in the building; it also became a repository for slightly improbable items such as the stuffed animals from the Museum of Levallois-Perret. The first Paris Biennale, inaugurated by André Malraux, was held there in 1959; an animated sculpture by Jean Tinguely is a particularly well-remembered feature. The Palais hosted this event regularly until 1982, sometimes splitting it between the Musée d'Art Moderne de la Ville de Paris and the Musée National d'Art Moderne on the other side of the square.

A substantial bequest of more than 500 works to the City of Paris in 1953 by Dr Girardin, a dentist and passionate art collector, dramatically changed the nature of the collection. Refurbishment was urgently required in order to display these major paintings by Modigliani, Soutine, and Braque… The museum did not reopen until 1961. The structure of the rooms devoted to the masterpieces is still partially in place today. Some of the screens that had separated the entrance hall from the exhibition rooms since 1937 were removed – although they have actually been found recently. In 1964, Raoul Dufy's huge fresco *La Fée Électricité*, commissioned in 1937 for Robert Mallet-Stevens's Palais de la Lumière et de l'Électricité on the Champ-de-Mars, was installed in the unusually shaped space where it still hangs today, at the top of a flight of stairs overlooking the entrance hall.

Further refurbishment for a new programme (1968–1972 and 1991–1994)

In January 1967, the creation of a section known as ARC (Animation – Recherche – Confrontation) by Pierre Gaudibert and Suzanne Pagé, was a new milestone. Suzanne Pagé took over as head of the museum in 1973, before becoming its director in 1989. As she recounts, the turbulence of May 1968 created a new audience. It was an era of openness to contemporary art and a melting pot of disciplines such as jazz and photography in the visual arts. The exhibitions at this time were usually accompanied by a vibrant programme of music, screenings, dance and performances in the auditorium of the museum. In 1972, a foyer-bar was installed in the entrance hall, next to the auditorium, and a new reading room was added to the library. The Musée d'Art Moderne de la Ville de Paris was just a stone's throw from Henri Langlois's Cinémathèque and became a popular venue for the avant-garde in Paris.

The place became a real home for artists, who were supported by dedicated teams of curators. The scope of the programming was international and diverse. Among the most important exhibitions in the early days of the ARC were shows devoted to Robert Rauschenberg (1968), Andy Warhol (1970–1971), "Swedish Alternatives" (1971), Panamarenko's flying machines in 1973, and Annette Messager and Joseph Kosuth in 1974. Nor, with Pierre Gaudibert's championing of the Supports/Surfaces movement, as well as Christian Boltanski, Sarkis, Martin Barré, Gilles Aillaud, Robert Malaval and Robert Filliou, was French art in any way sidelined. Throughout this period, the ARC was a nomadic structure; it moved from the ground floor to the first floor, under the great skylight, in 1977.

The museum was in a constant state of flux. A new bout of refurbishment was embarked on in 1971–1972. This time carried out by architects Pierre Faucheux and Michel Jausserand. Partitions were taken down, sloping floors replaced some of the stairs. The entrance hall was re-floored. An auditorium and offices for the curators were also introduced at that time. Movable false ceilings, anchoring systems and fittings in the floor made it possible to install removable partitions and lighting, allowing for a more versatile and flexible use of the museum space – although it actually turned out not to be very practicable.

Following these refurbishments, a number of ARC-organised group exhibitions made their mark as historic milestones. Some explored art scenes from abroad, such as "Tendances actuelles de la nouvelle peinture américaine" (1975), "Canada Trajectoires 73" (1973) – one of the first video exhibitions in Paris –, "Un Certain Art Anglais" (1979), and "Art Allemagne Aujourd'hui" (1981). There were also exhibitions on the Polish art scene (1982) and the Spanish scene (1987). Others were devoted to analyses of society or more formal questions, such as "Mythologies quotidiennes" (1977) or "Écouter par les yeux" (1980), an exhibition on the relationship between visual art and sound art. Suzanne Pagé regularly gave carte-blanche, as guest curators, to foremost critics like Catherine Millet, Bernard Lamarche-Vadel, and Otto Hahn.

A number of key figures made their appearance in solo exhibitions around this time in French institutions – artists such as Robert Motherwell, Carl Andre, Dennis Oppenheim, Nam June Paik, Giulio Paolini, Jan Dibbets, Jannis Kounellis, James Turrell, Bill Viola, and Sigmar Polke. Many of them – especially among the French but not only – were exhibited several times, a sign of the museum's loyalty and commitment to their work. Other events such as "Les singuliers de l'art" (1978) or "L'Australie, le rêve ou le réel" (1983) were sallies into territory that was unfamiliar at the time, closer to outsider art and the non-Western world. And then, with regular programs such as "Premières rencontres", "Migrateurs" and, later, "Les ateliers de l'ARC", a policy of active support was introduced for promising young artists, most of whom still feature in major international exhibitions today.

In parallel, historically oriented programming set about exploring major movements, such as the Bauhaus (1969), and important figures such as John Heartfield (1974), Hannah Höch (1976), Alexandre Rodtchenko (1977), and Florence Henri (1978).

En haut : vue de la façade sur l'avenue du Président-Wilson, s. d. (cliché anonyme).
En bas : vue depuis le quai de Tokyo (actuellement avenue de New-York) en 1937 (cliché anonyme).

Top: view of the façade on the Avenue du Président-Wilson, undated (anonymous photo). *Bottom:* view from the Quai de Tokyo (now Avenue de New-York) in 1937 (anonymous photo).

Vue du musée depuis le bassin du parvis bas, s.d. (cliché anonyme).
View of the museum from the pool on the lower esplanade, undated (anonymous photo).

In 1989, Suzanne Pagé took over the directorship of the museum, and co-ordination between ARC programming, historically oriented programming and the collection became more systematic. As Elisabeth Lebovici has noted, there was a Sophie Taeuber exhibition in 1990, followed by a high proportion of female artists such as Agnes Martin (1991), Louise Bourgeois (1995), and Roni Horn (1999). After the renovation of the lower courtyard by François Dubuisson in 1988, further work, carried out by Jean-François Bodin, was required inside the museum to upgrade the ventilation system and improve access to the building. Focus then shifted to the exhibition rooms. In 1993, the acquisition of Matisse's *Danse inachevée* led to a specifically designed layout for the room which, until then, had been occupied by the Musée du Costume – an offshoot of the Musée Carnavalet. As a result, the newly acquired Matisse has been permanently and masterfully displayed opposite his *Danse de Paris*, which was already part of the collection.

The last twenty years...

In the 1990s, other major thematic exhibitions were created: "L'hiver de l'amour" (1994) on the AIDS years, and "Passions privées" (1995) on modern and contemporary art collections. They were held alongside major historical exhibitions such as "Années 30, le temps menaçant" (1997), "Le fauvisme ou l'épreuve du feu" (1999), and "L'École de Paris" (2000), as well as monographic exhibitions such as the ones on André Derain (1994), Alexandre Calder (1996), Francis Picabia (2002) and Pierre Bonnard (2006). In 2000, new exhibition spaces were created thanks to building works carried out by Atelier Canal; these include the Boltanski room in the museum's basement, which houses *La Réserve du musée des enfants*, and a video room.

On the other side of the forecourt, after the Musée National d'Art Moderne moved in 1977 to the Centre Pompidou in the Beaubourg area, the building became home to various institutions, including the Cinémathèque and the Fémis (the French state film school), and then the Palais de Tokyo, a site for contemporary creation, opened its doors in 2002. The entire building was allocated to it in 2012.

In 2007, Fabrice Hergott's appointment as head of the Musée d'Art Moderne de la Ville de Paris marked the beginning of a new era. In the field of art history, exhibitions often explored little-known aspects of an artist's work, such as the last years of Giorgio De Chirico. There were also rediscoveries and reassessments of artists like Carol Rama, Bernard Buffet, or Jacques Grinberg. The exhibition programming leant towards German art such as the paintings of A. R. Penck, and Georg Baselitz's sculpture. There were generous donations in the 2010s, for example the collection of art dealer Michael Werner, and a collection of works by Henry Darger on his *Vivian Girls*.

The programming of contemporary exhibitions has also been given a new boost. Painting features prominently in this, with figures such as Peter Doig, Marc Desgrandchamps and Christopher Wool. Following the gradual wind-down of the ARC Workshops and their final discontinuation, "Dynasty" (2010) was a new extensive, forward-looking exhibition, realised in tandem with the Palais de Tokyo on the other side of the forecourt. Exhibitions featuring young international artists rarely shown in France have followed on one another's heels. Artists exhibited in the museum include Ryan Trecartin (2011) and, more recently, Thomas Houseago (2019).

The choice of the agency h2o architectes for the renovation of the museum reflects a desire on the part of the museum for a profound dialogue with history and the building. Over the years, the exterior of the museum had hardly changed; it is the interior spaces that have been in a constant state of flux. The idea is to preserve and develop this building that houses the Musée d'Art Moderne – it is a place populated by ghosts, and they are visible in the architectural strata. The agency h2o architectes has come to terms with all the subtlety and complexity of this context for three years, never losing sight of their belief that "to leave a project open is the most elementary of courtesies".

h2o architectes

Agence de création et de reprogrammation architecturale, patrimoniale et urbaine, h2o architectes développe des programmes variés à différentes échelles, du logement à l'espace public en passant par les équipements culturels. Elle compte des architectes et des architectes du patrimoine.

h2o architectes a notamment réaménagé les abords du familistère de Guise et la cour d'honneur de l'Assemblée nationale. Depuis 2013, l'agence coordonne la reconversion urbaine de la caserne de Reuilly, à Paris. Elle est également en charge du réaménagement du musée de la Marine, au Trocadéro, et du projet Studio au Louvre. À l'Institut national de l'audiovisuel, elle vient de livrer les nouveaux espaces de travail des documentalistes.

Dans chaque projet, quelle qu'en soit l'échelle, elle étudie le contexte pour parvenir à une dualité maîtrisée entre usages prédéterminés et situations ouvertes. h2o architectes a été lauréat des Albums de la jeune architecture et lauréat du prix Europe 40 under 40.

Le projet de rénovation du musée d'Art moderne de Paris a été conçu par h2o architectes, mandataire ; l'équipe de maîtrise d'œuvre a rassemblé Équilibre structure, VPEAS, GT2i, Métronome, GGSV Studio, Atelier On, Labeyrie, Terrasol, Risk & Co et Aubry & Guiguet.

Rénover le musée d'Art moderne

Le projet de réaménagement s'est déroulé de juillet 2016 à octobre 2019, avec pour but de renouveler les conditions d'accueil du public et de travail des personnels. Il s'agissait de consolider la structure, d'agrandir des espaces, d'actualiser des installations techniques, mais aussi de tisser des liens entre les volumes pour retrouver une cohérence globale. Le musée étant resté ouvert au public durant toute l'opération, il a fallu redoubler d'attention pour mener celle-ci à son terme sans gêner les usagers. Notre intervention s'est déroulée à tous les étages du musée et à toutes les échelles, de la reprise des fondations profondes jusqu'à la conception du mobilier et de la signalétique en passant par des démolitions, des opérations de dépollution, la création de planchers…

Ancrage dans le site

Nous avons souhaité rouvrir le musée sur la ville. Le hall, dont le volume initial a été retrouvé, se met ainsi à l'échelle du parvis et se réoriente vers lui. Les ouvertures sur l'extérieur ont été rétablies, afin de créer une relation entre l'intérieur du bâtiment et l'espace public. Le musée épouse la topographie naturelle du site et notre projet souligne, aussi souvent que possible, la dynamique de cascade jusqu'à la Seine en tissant des liens entre les différents niveaux. Les nouvelles mezzanines du hall, par exemple, offrent des regards croisés et de nouvelles perspectives qui mettent en valeur la stratification du musée.

Attentions – situations

Les changements apportés se constatent dès l'entrée. Nous avons redéployé les services au public, dégagé les ajouts parasites pour retrouver la lisibilité des espaces, la fluidité des parcours, et proposé un aménagement adapté aux usages contemporains. Nous nous sommes imprégnés du programme original qui a été étudié sous la forme de scénarios partagés avec la maîtrise d'ouvrage pour parvenir au plus optimal. Les surfaces d'accueil supplémentaires, le restaurant, les services (tels que vestiaires, sanitaires, casiers, etc.) et les espaces dédiés au personnel se glissent dans les interstices du musée. Nous nous sommes servis des coulisses du bâtiment pour clarifier les fonctions, entre ce qui est donné à voir au public et ce qui lui est masqué.

En conservant une large place à l'appropriation future, nous avons mis en forme l'espace de façon à renouveler les conditions d'accueil et à faciliter le déroulement de nombreux événements. Le bâtiment a été repensé de manière à être permissif et maniable, animé par des entre-deux, des usages doubles, des situations alternatives. Autant de petites choses, de situations imprévues, de précisions des usages qui ont donné corps au projet tout en laissant place à l'inattendu.

Dialogue architectural

L'architecture du musée est tout à la fois moderne et classique. Il nous a fallu dialoguer avec la grande échelle d'un bâtiment dont la simplicité des volumes offre une sorte de neutralité généreuse aux œuvres exposées. Le béton armé a permis de réaliser un bâtiment élancé et élégant. Les architectes de 1937 ont cependant souhaité donner du poids aux éléments. La finesse de l'ossature en béton armée a ainsi volontairement été épaissie par un revêtement de pierre apportant massivité et monumentalité à l'édifice. Nous nous sommes pris au jeu de cette architecture revêtue, et approprié les jeux de niveaux, les découpes, pour remettre en valeur l'existant.

Le hall concentre les interventions visibles ; il donne à nouveau à voir la topographie du site sur lequel le bâtiment se déploie. Les nouvelles mezzanines portent, par leurs courbes, les regards vers l'extérieur et vers le parvis. Le projet respecte naturellement la sobriété des revêtements existants, la blancheur des élévations, la minéralité, dans une volonté d'intégration et de relative neutralité assumée.

h2o architectes

Agency for architectural creation and heritage and urban redevelopment, h2o architectes take on projects of various types and scales, from housing to public space and cultural facilities. The agency includes both architects and heritage architects.

Amongst other projects, h2o architectes have redeveloped the area around the Familistère at Guise and the main courtyard of the National Assembly. Since 2013, they have been design and project manager for urban conversion of the Reuilly barracks in Paris. The agency is also in charge of redevelopment of the Musée de la Marine, at the Trocadéro, and the Studio project at the Louvre. They have recently delivered the new workspaces for the archivists at the Institut National de l'Audiovisuel.

For every project, whatever the scale, they study the context in order to achieve a controlled balance between predetermined uses and open-ended situations. h2o architectes were winners of the Albums de la Jeune Architecture and also the Europe 40 under 40 award.

The refurbishment project for the Musée d'Art Moderne de Paris was designed by h2o architectes, the appointed Architect; the project management team included Équilibre structure, VPEAS, GT2i, Métronome, GGSV Studio, Atelier On, Labeyrie, Terrasol, Risk & Co and Aubry & Guiguet.

Refurbishing the Musée d'Art Moderne

The refurbishment project was carried out between July 2016 and October 2019. The brief was to improve the public reception area and the working environment for the staff. We set out to consolidate the structure, enlarge some of the spaces, update some of the technical installations, and also to create a connection between the various areas in order to give overall coherence to the museum. As the museum remained open to the public throughout the project, we had to work doubly hard to complete the operation without disturbing visitors or staff. The refurbishment involved work on all floors and at every level, from relaying the foundations to the design of the furnishings and the signposting, and included demolition, decontamination, and creating new floors…

Rooting the building in its site

We wanted to open the museum out towards the city again. The entrance hall has been restored to its original volume; it is once again on the same scale as the forecourt and looks out onto it. The outside doors and windows have been reinstated to create a relationship between the inside of the building and the public space. The museum follows the natural topography of the site and wherever possible, we have accentuated the dynamic of this cascade down to the Seine, while at the same time establishing links between the different levels. The new mezzanines in the entrance hall, for example, provide intersecting views and new perspectives that emphasise the stratification of the museum.

Attention – situations

The changes are noticeable as soon as you enter the building. We have redesigned the facilities for the public and removed unnecessary past additions in order to restore the legibility of the spaces, to enable fluidity for the passage of people and to provide a design adapted to contemporary uses. We immersed ourselves in the original project and repeatedly tested it in the form of proposals that we shared with the client in order to identify the most appropriate one. The extra reception areas, the restaurant, the repositioned facilities as well as the areas specifically reserved for staff, were integrated into the interstices of the museum. We exploited the behind-the-scenes areas of the building to make a clear distinction between those functions that the public would see and those that would be hidden from them.

While reserving plenty of room for future appropriation, we shaped the space in such a way as to revitalise the reception area and make it easy to organise various events and activities. The building has been redesigned to be permissive and flexible, characterised by "in-betweens", dual uses and alternative situations. A host of small things, unexpected scheduling and clarifications of future use, gave substance to the project while still leaving room for the unforeseen.

Architectural dialogue

We had to engage with the vast scale of a building whose characteristic simplicity confers a generous neutrality on the artworks exhibited. The use of reinforced concrete had made it possible to create a sleek, elegant building. To give weight to the features of this architecture, the slender reinforced concrete framework was deliberately thickened out in 1937 with stone cladding, which gave the building its bulky, monumental character. We picked up on this clad architecture, and appropriated the interplay of levels, sections, and curves to enhance what already existed. The visible interventions are concentrated in the entrance hall, it brings back into view the topography of the site on which the building is built. The curves of the new mezzanines lead the eye outside onto the forecourt. The project has respected the understated simplicity of the existing cladding and the marmoreal whiteness of the façades in order to ensure harmony and a degree of neutrality.

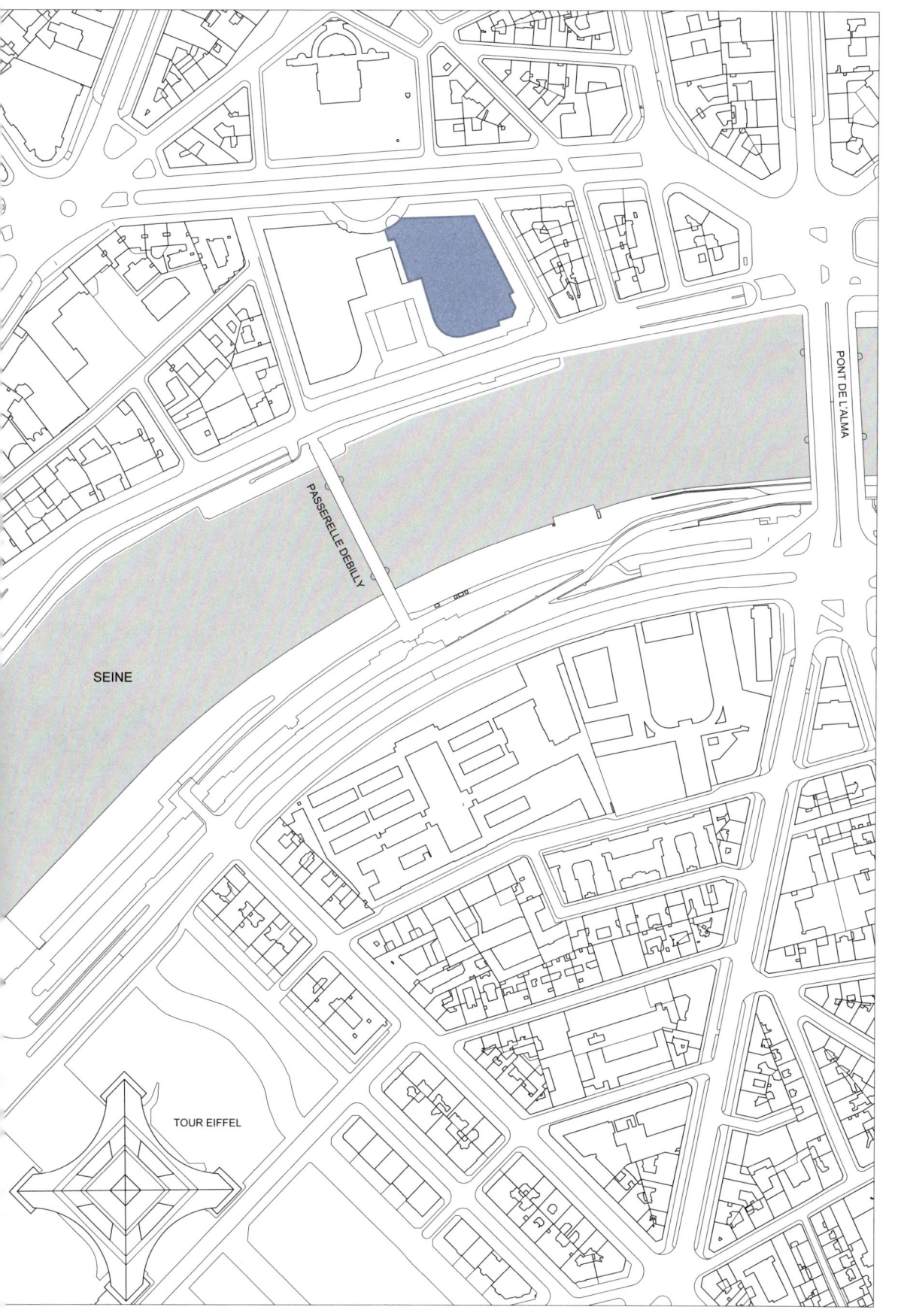

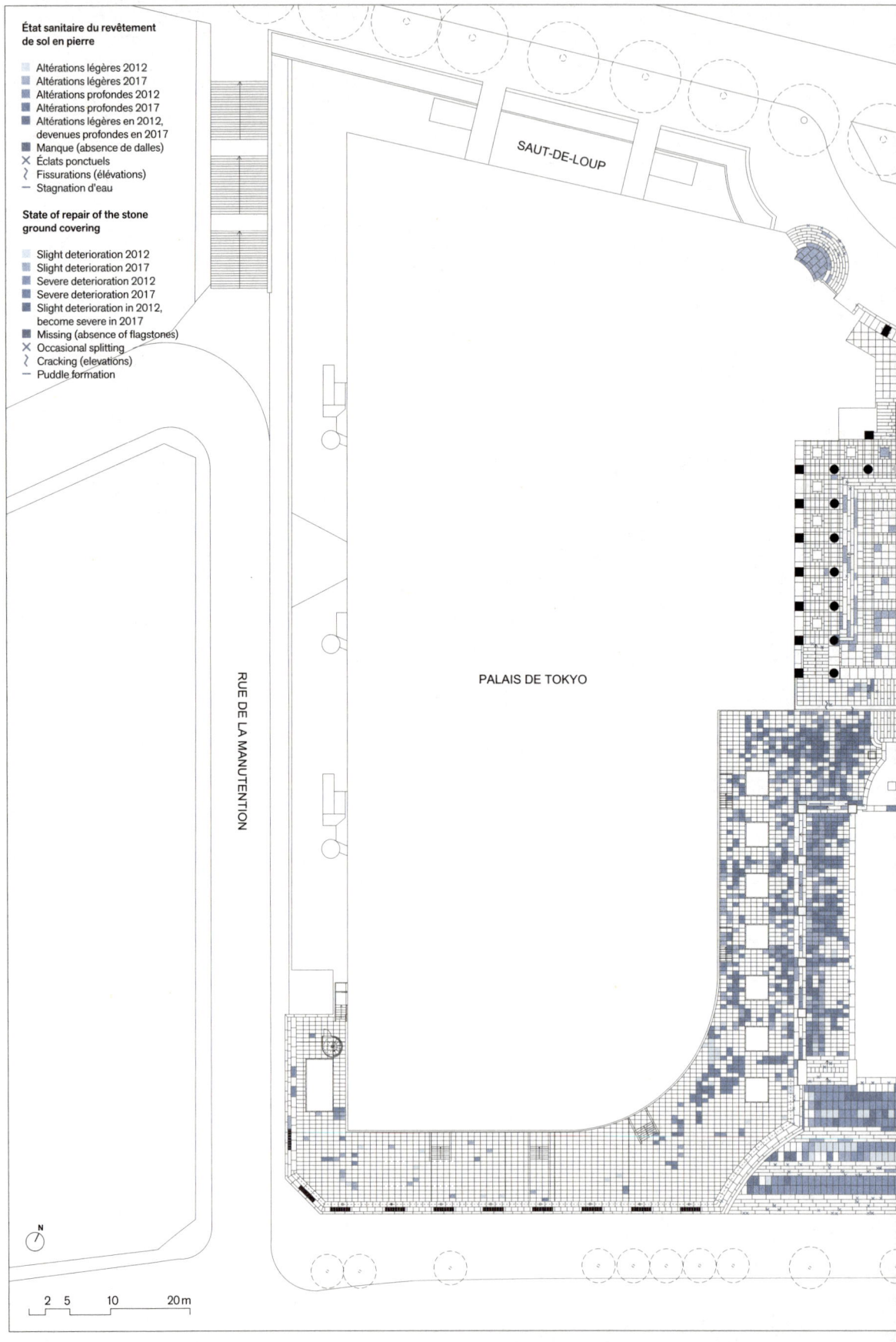

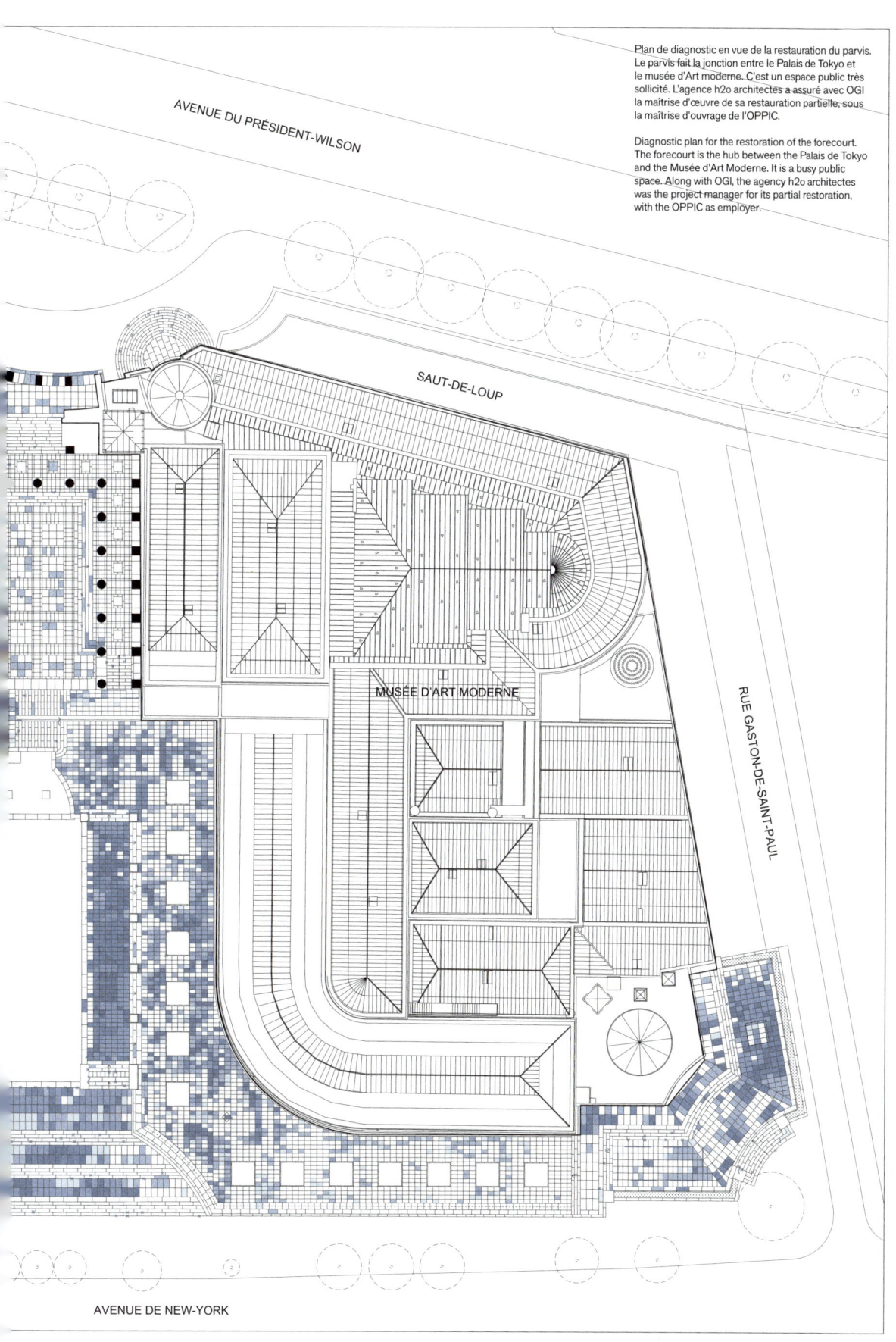

Plan de diagnostic en vue de la restauration du parvis. Le parvis fait la jonction entre le Palais de Tokyo et le musée d'Art moderne. C'est un espace public très sollicité. L'agence h2o architectes a assuré avec OGI la maîtrise d'œuvre de sa restauration partielle, sous la maîtrise d'ouvrage de l'OPPIC.

Diagnostic plan for the restoration of the forecourt. The forecourt is the hub between the Palais de Tokyo and the Musée d'Art Moderne. It is a busy public space. Along with OGI, the agency h2o architectes was the project manager for its partial restoration, with the OPPIC as employer.

Niveau 1
Des travaux de reprise de la structure en sous-œuvre ont été réalisés dans les réserves. Une nouvelle cuisine avec un accès autonome a été créée.
Ce nouvel accès s'accompagne d'un réaménagement paysager du « saut-de-loup » (la cour en contrebas de l'avenue du Président-Wilson).

Level 1
Underpinning work was carried out in the storage area. A new kitchen with its own access was created. This new access included landscaping of the lightwell (the area on the slope below the Avenue du Président-Wilson).

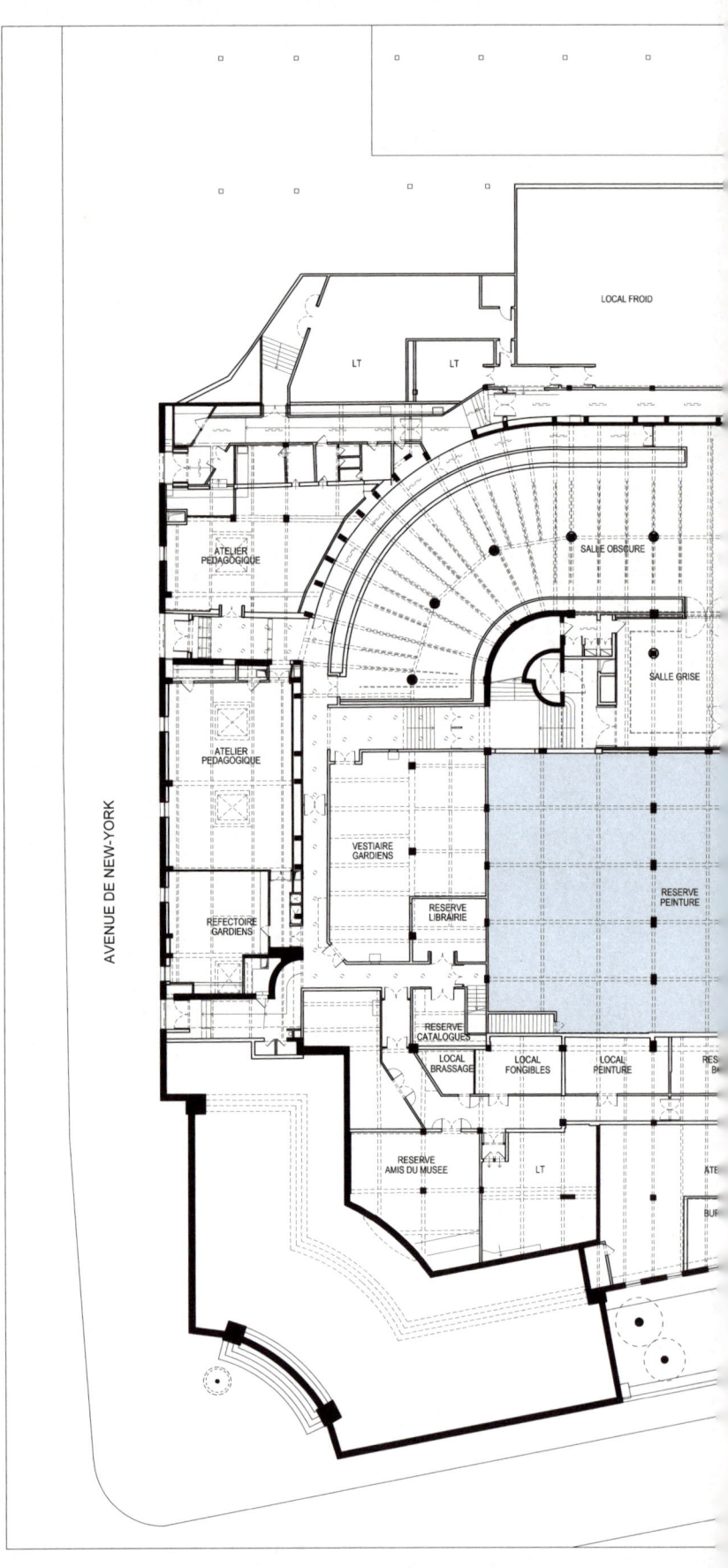

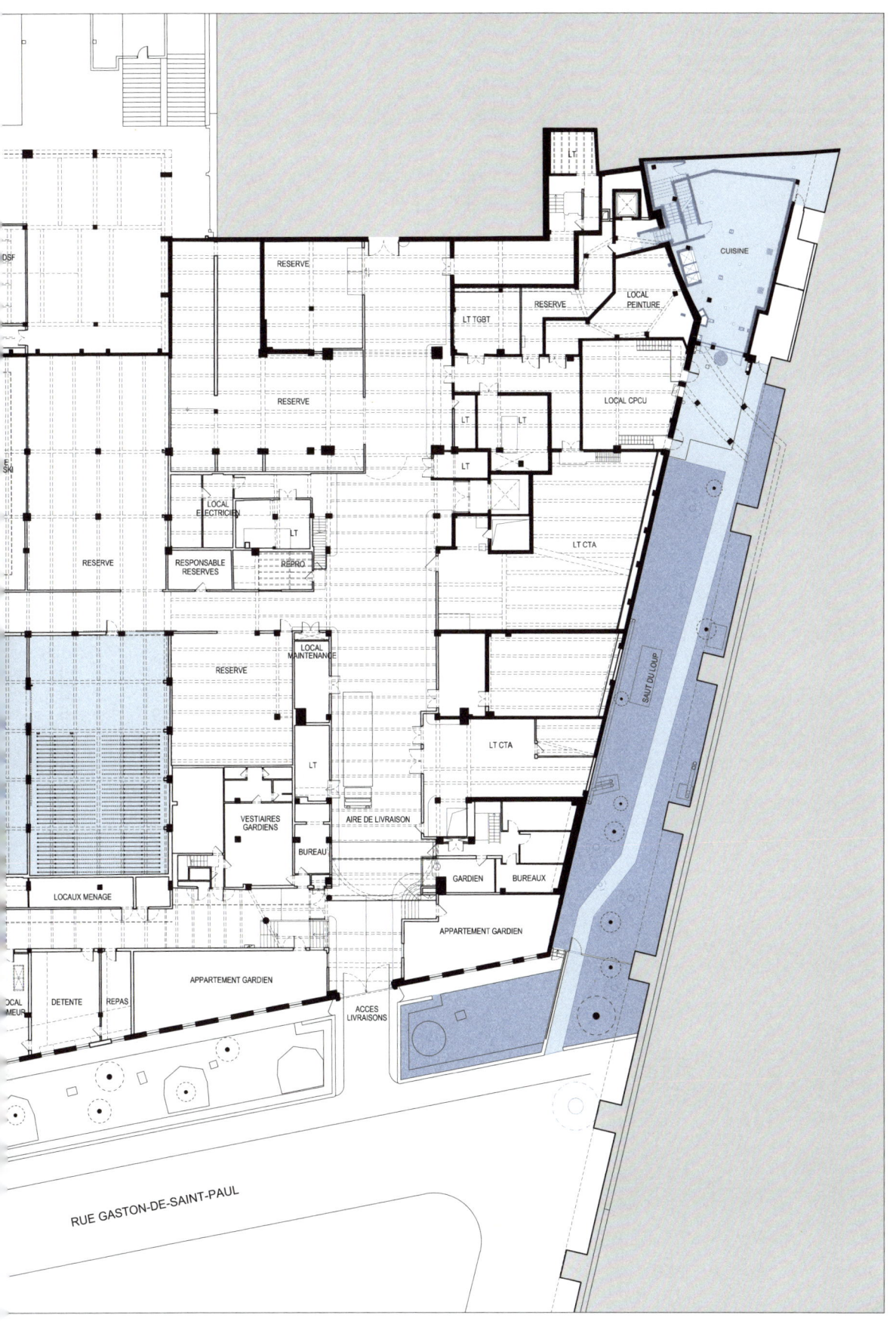

Niveau 2
Durant le chantier, l'accès des visiteurs a été déplacé côté avenue de New-York. Les bureaux des Amis du musée ont été réaménagés et des surfaces supplémentaires pour le restaurant ajoutées.

Level 2
During construction work, visitor access was relocated to the Avenue de New-York side. The offices of the Friends of the Museum were refurbished and additional space for the restaurant was added.

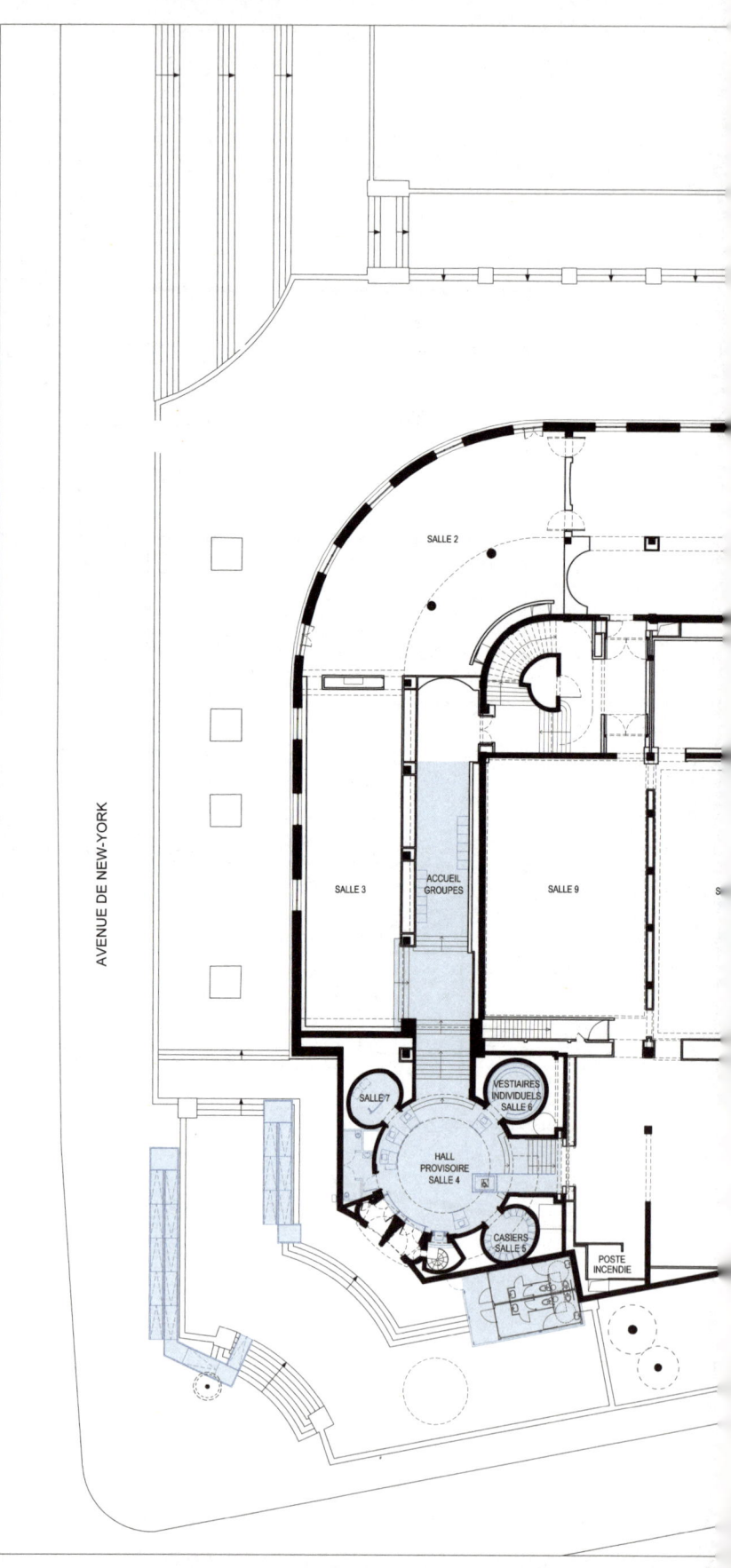

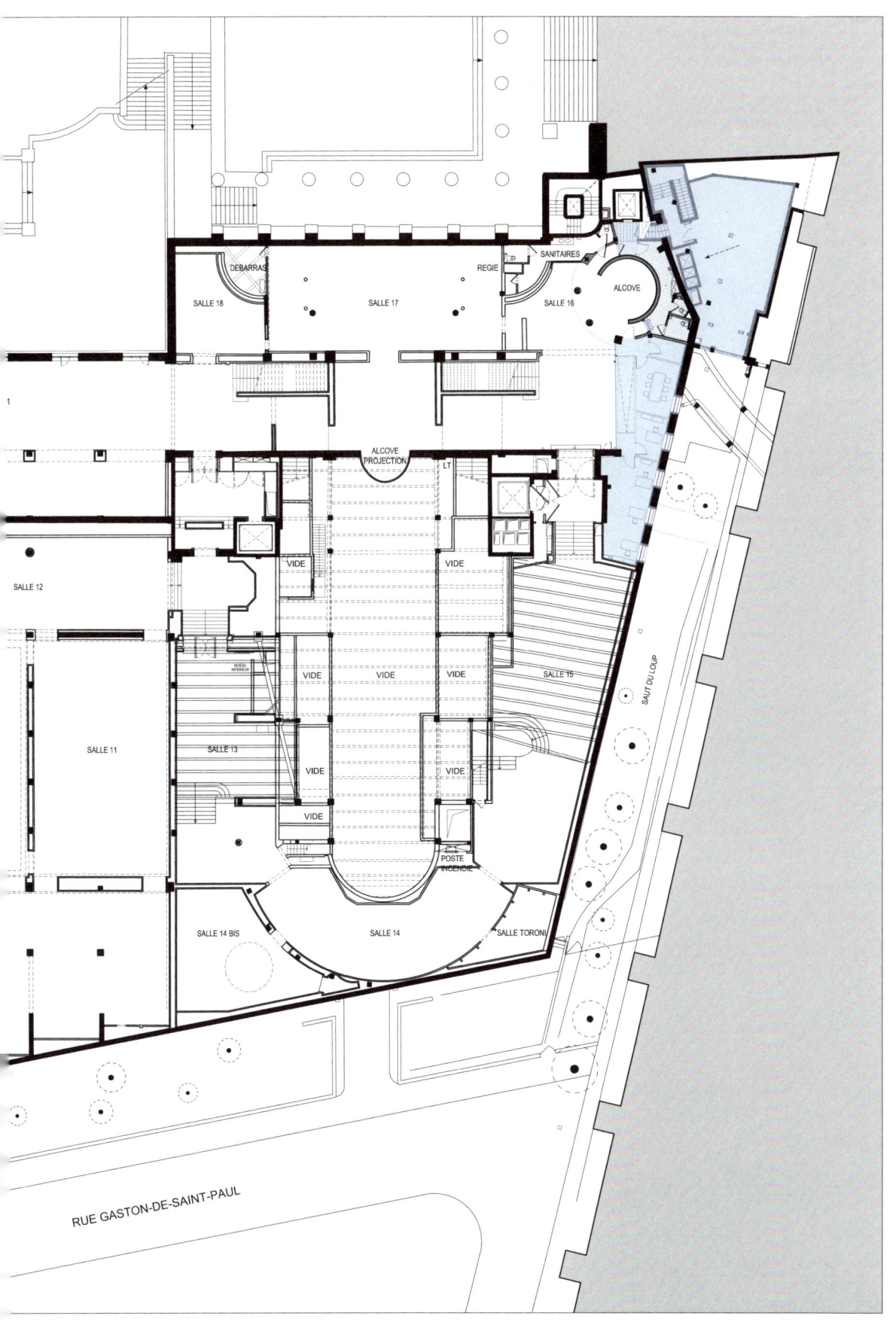

Niveau 3
La surface du restaurant a triplé. Un accès direct par une rampe-passerelle fait la jonction avec l'avenue du Président-Wilson. La librairie a été réaménagée.

Level 3
The restaurant area was tripled in size. Direct access by a footbridge ramp connects with the Avenue du Président-Wilson. The bookshop was refurbished.

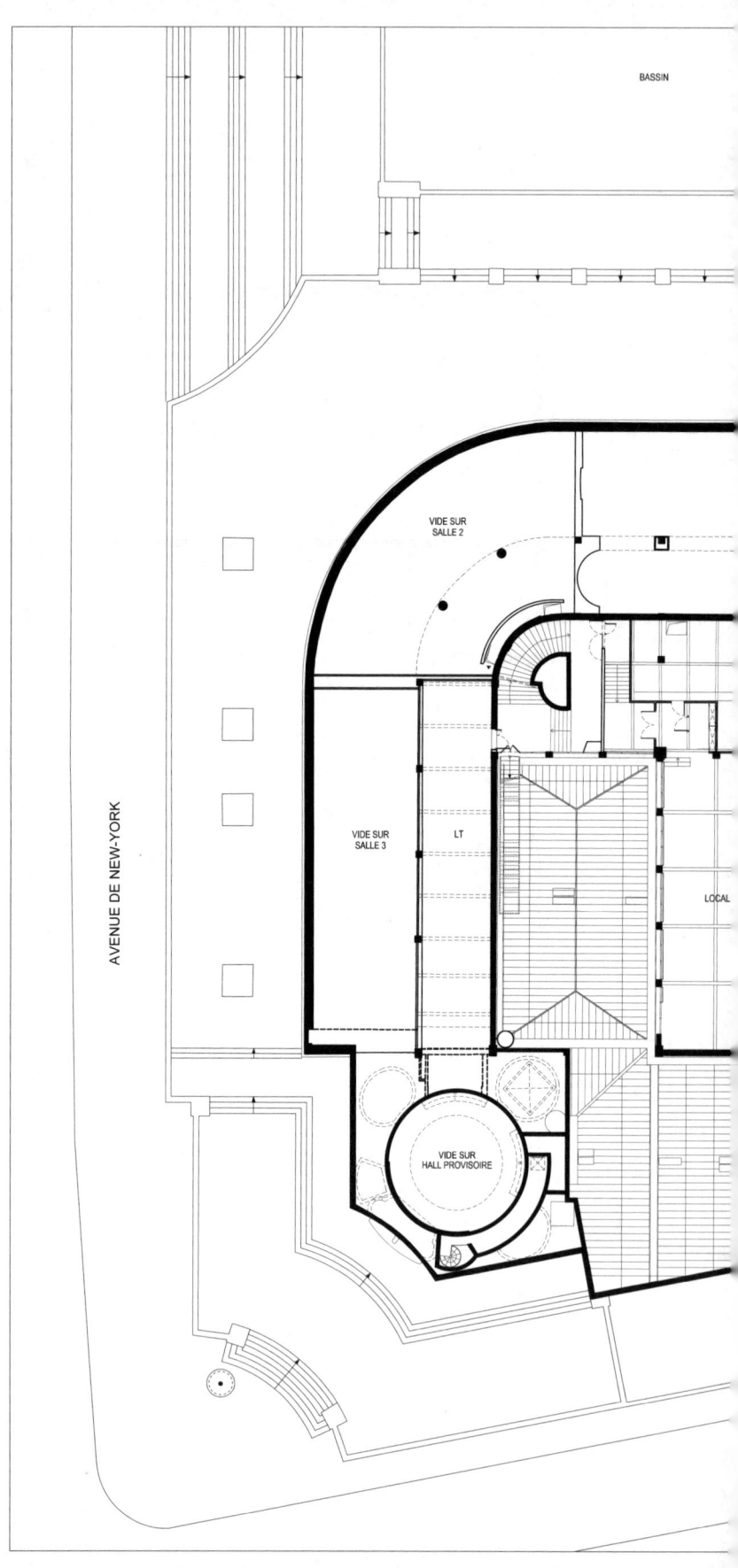

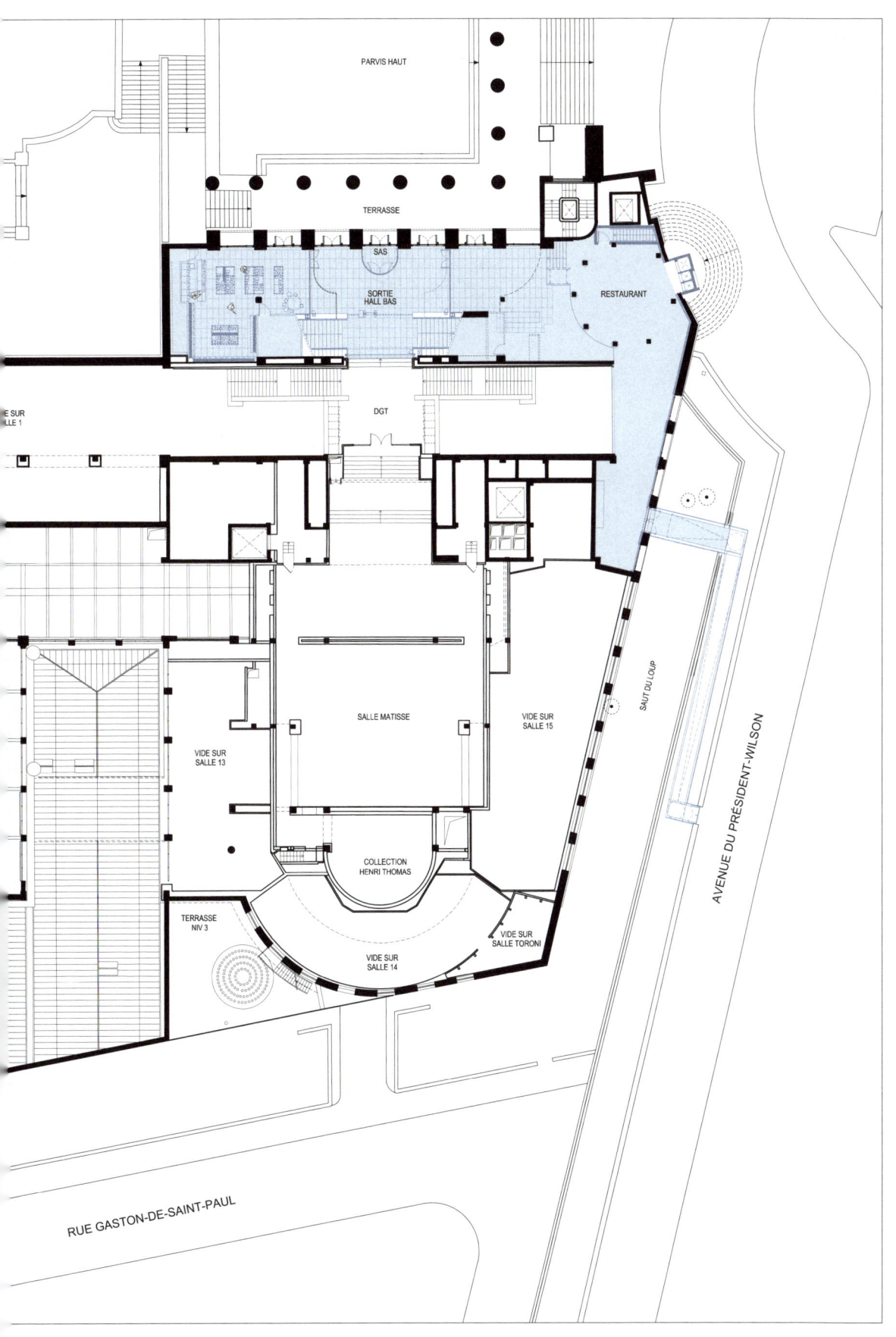

Niveau 4
Le hall, reconfiguré, est dorénavant connecté avec le niveau 3. Les services au public sont redéployés et la salle entre les espaces d'exposition New-York et Wilson a été rénovée.

Level 4
Reconfiguration of the entrance hall has connected it to level 3. Facilities for the public were redesigned and the exhibition room between the New York and Wilson exhibition spaces has been renovated.

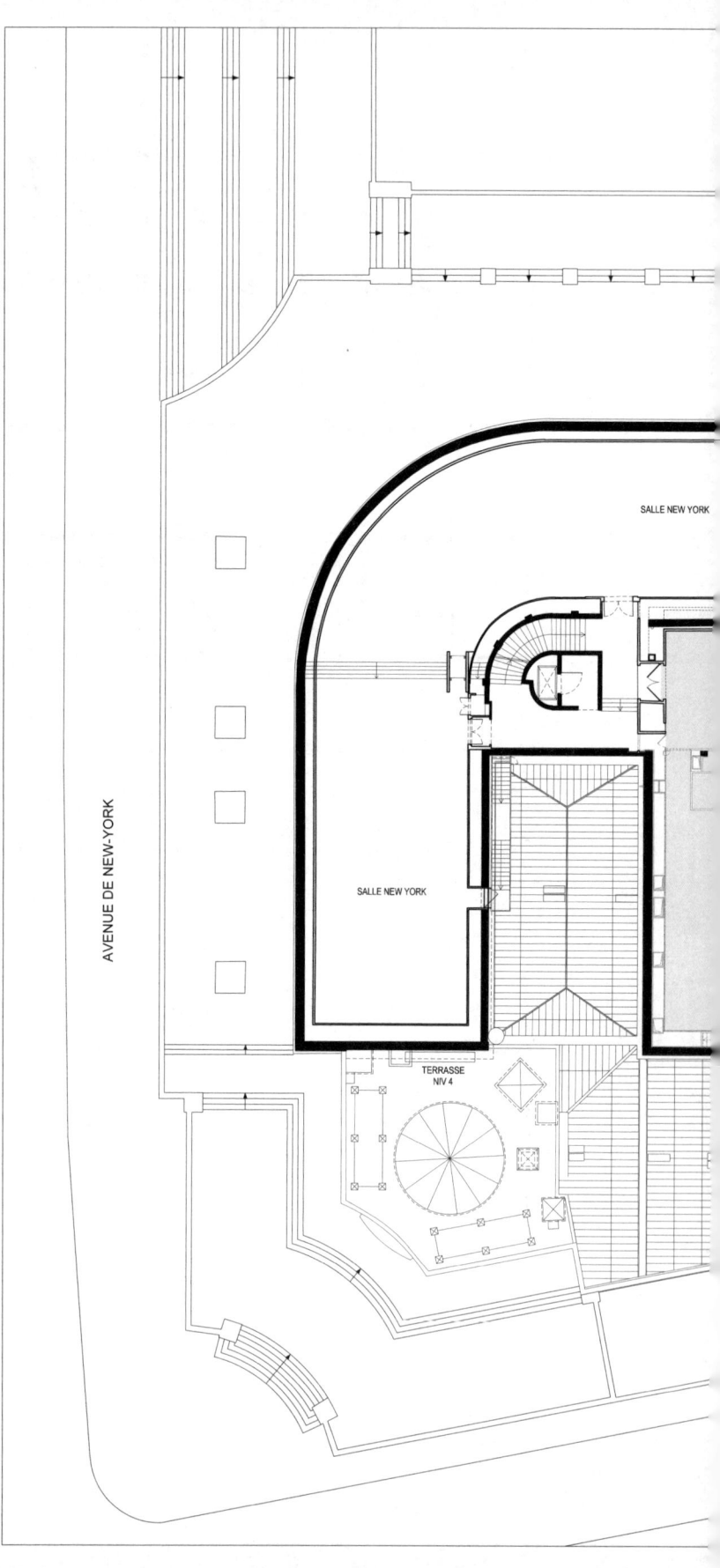

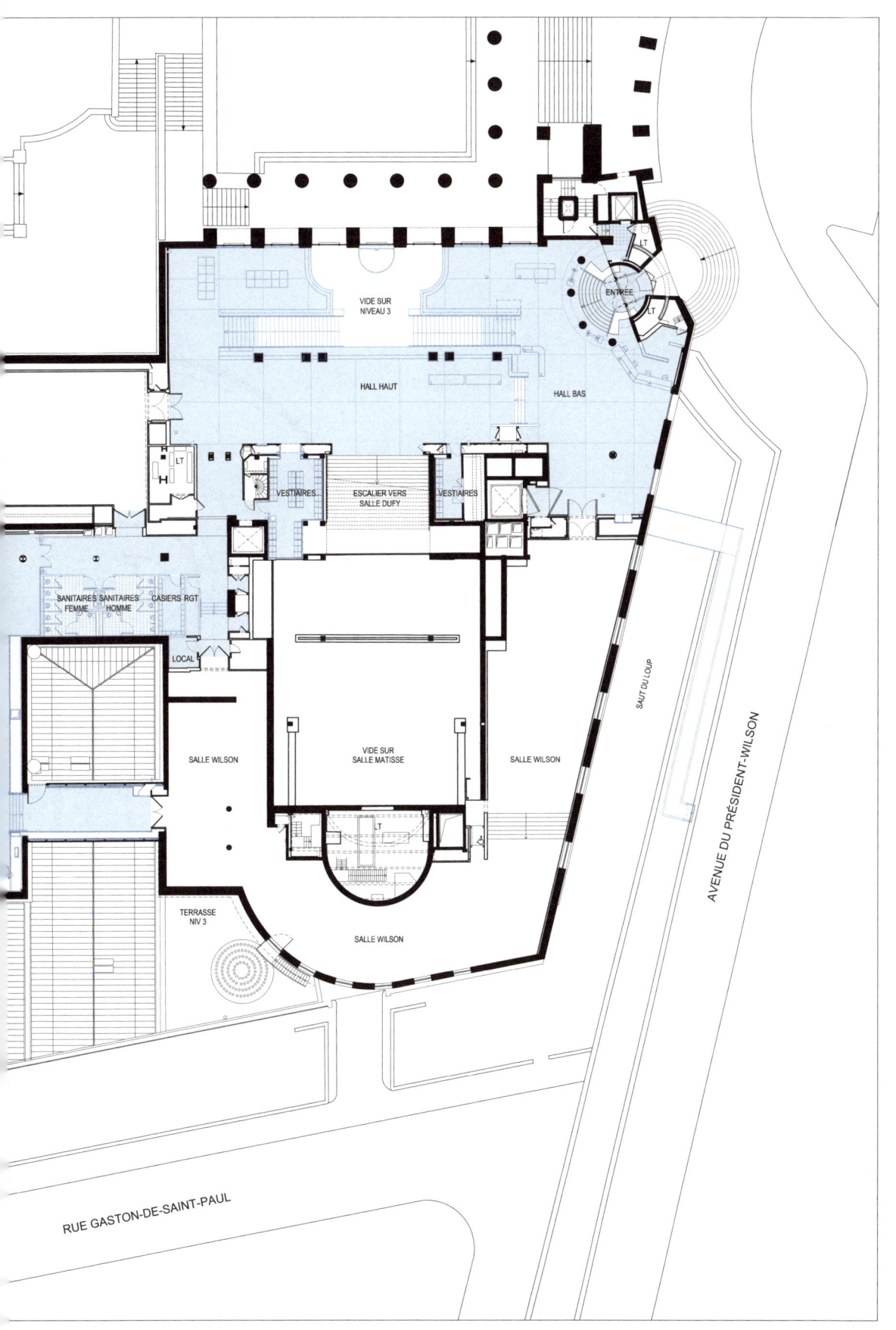

Niveau 5
De nouvelles surfaces de bureaux ont été créées et la bibliothèque a été réaménagée.

Level 5
New office space has been created and the library refurbished.

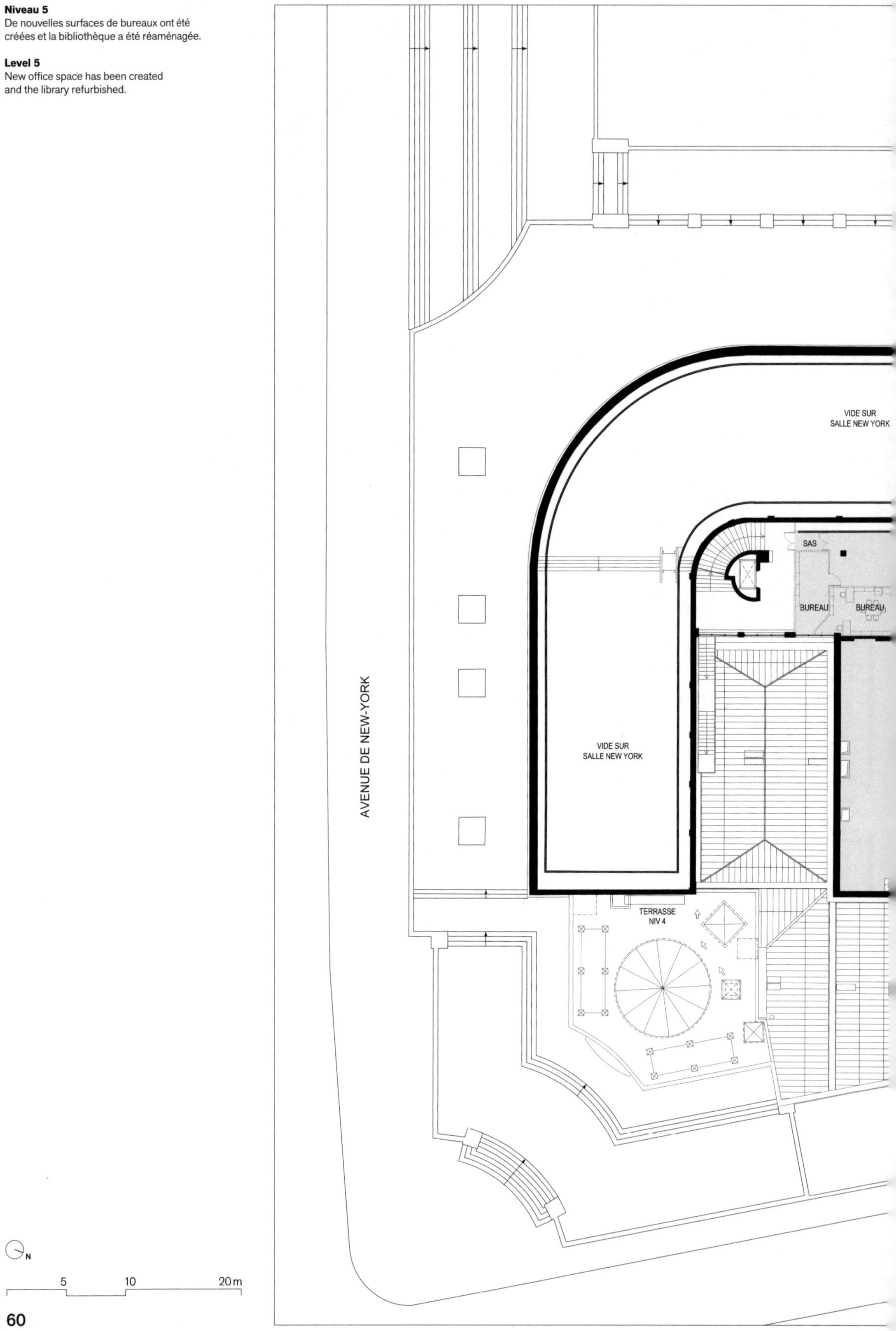

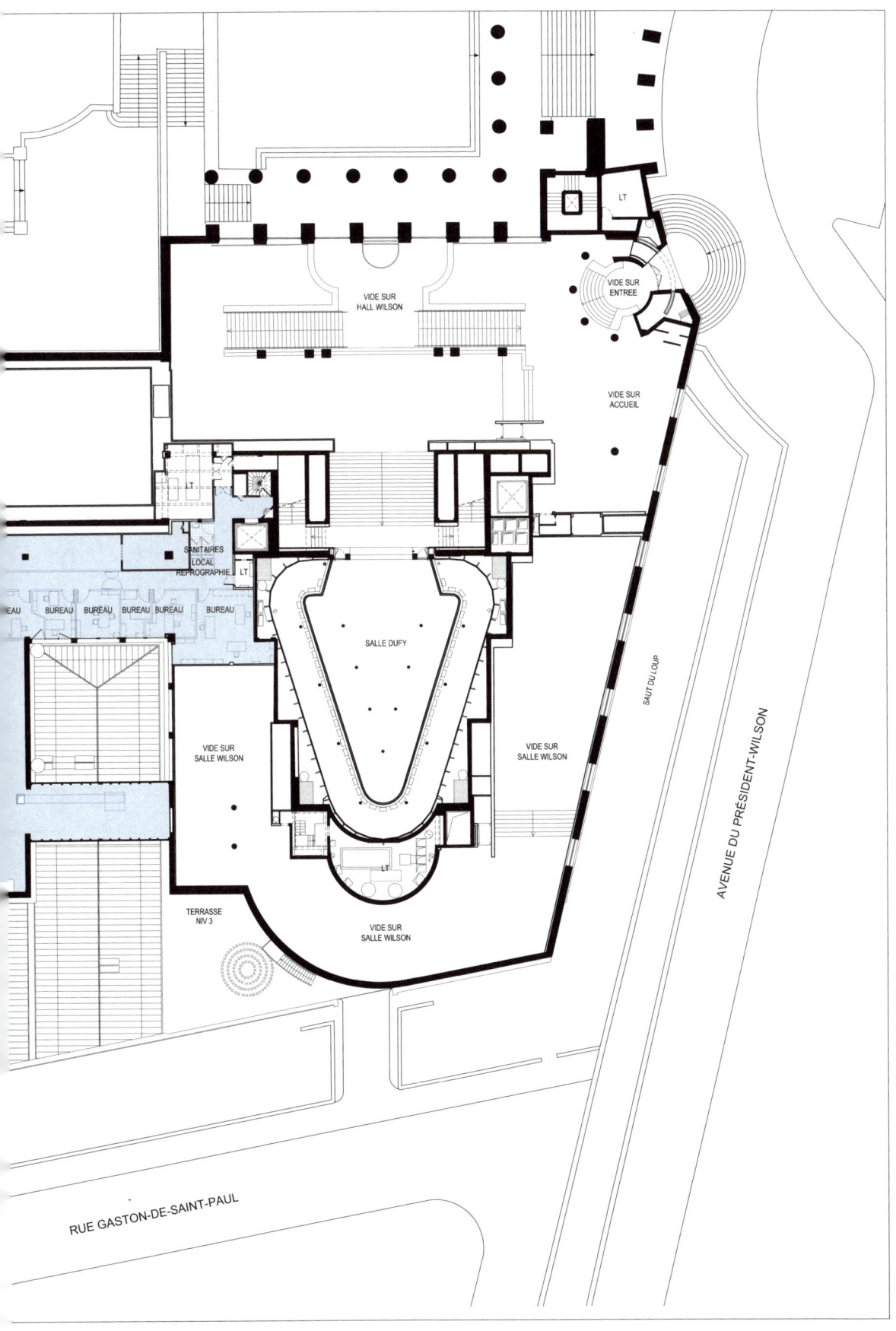

Niveau 6
Ce niveau a accueilli provisoirement les bureaux durant les travaux.

Level 6
The offices were moved temporarily to this level during the refurbishment work.

AVENUE DE NEW-YORK
TERRASSE
NIV 4
N
5
10
20 m

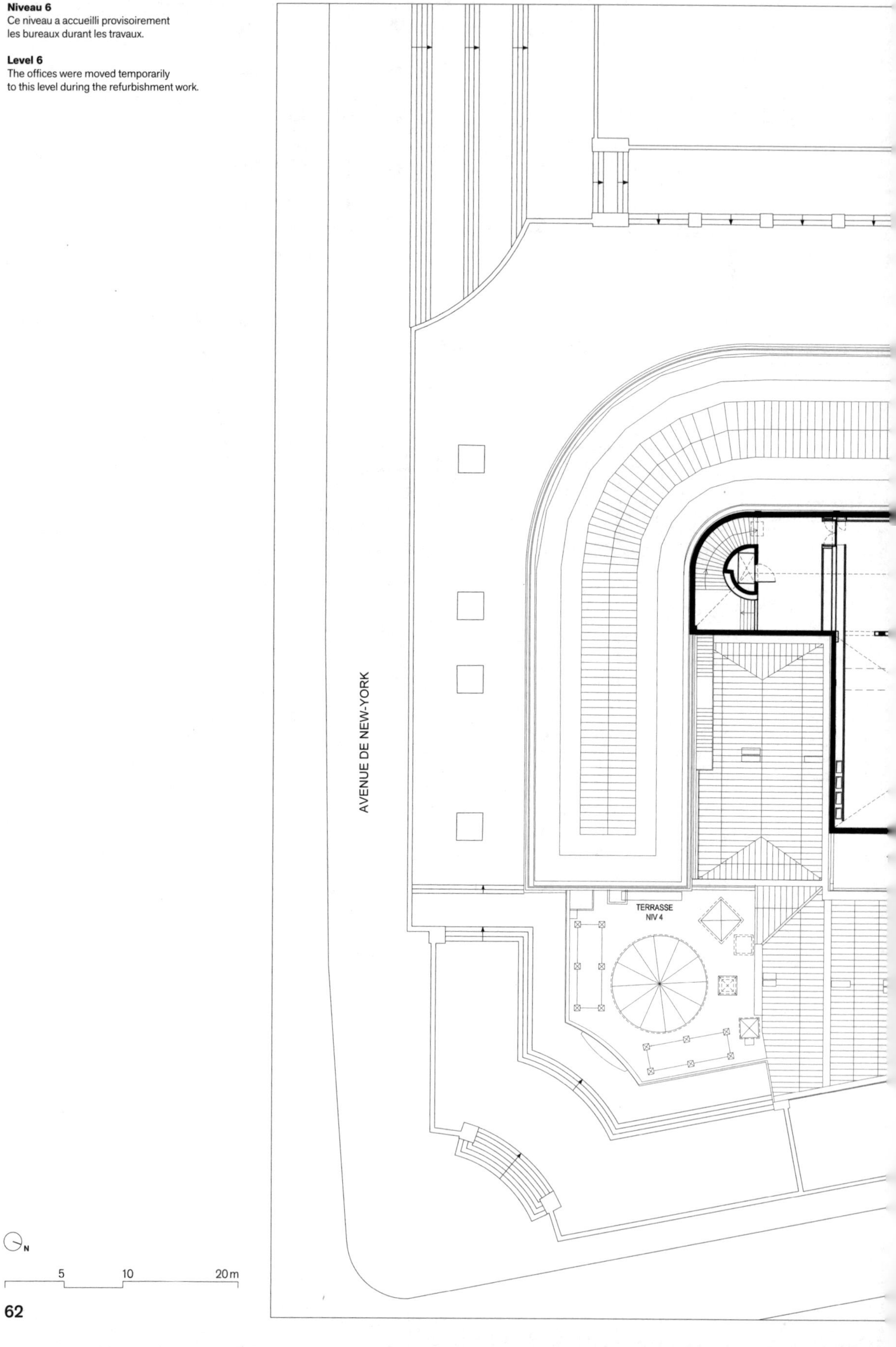

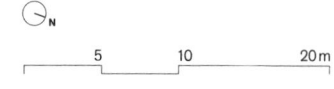

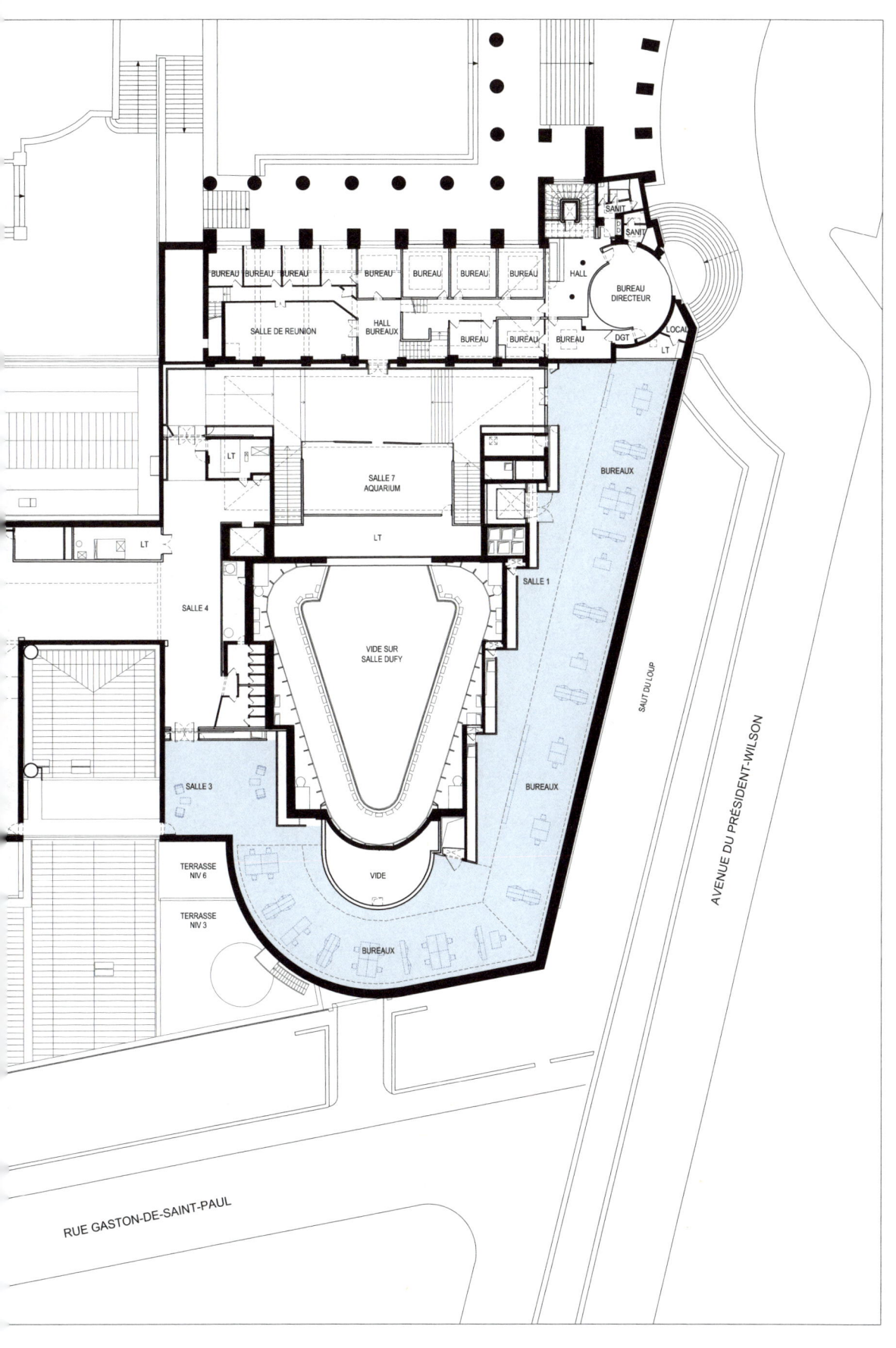

Niveau 1 / Level 1

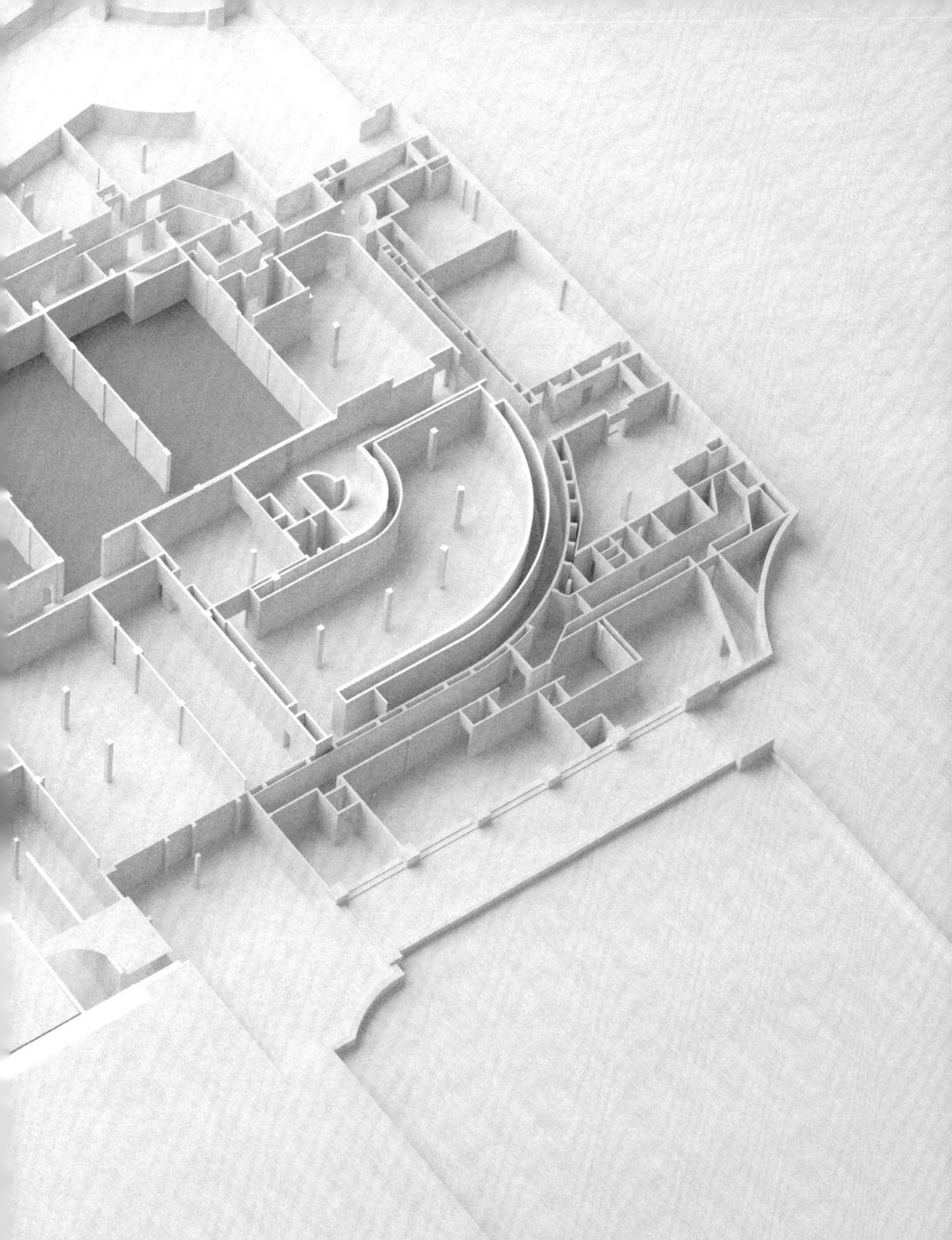

Niveau 2 / Level 2

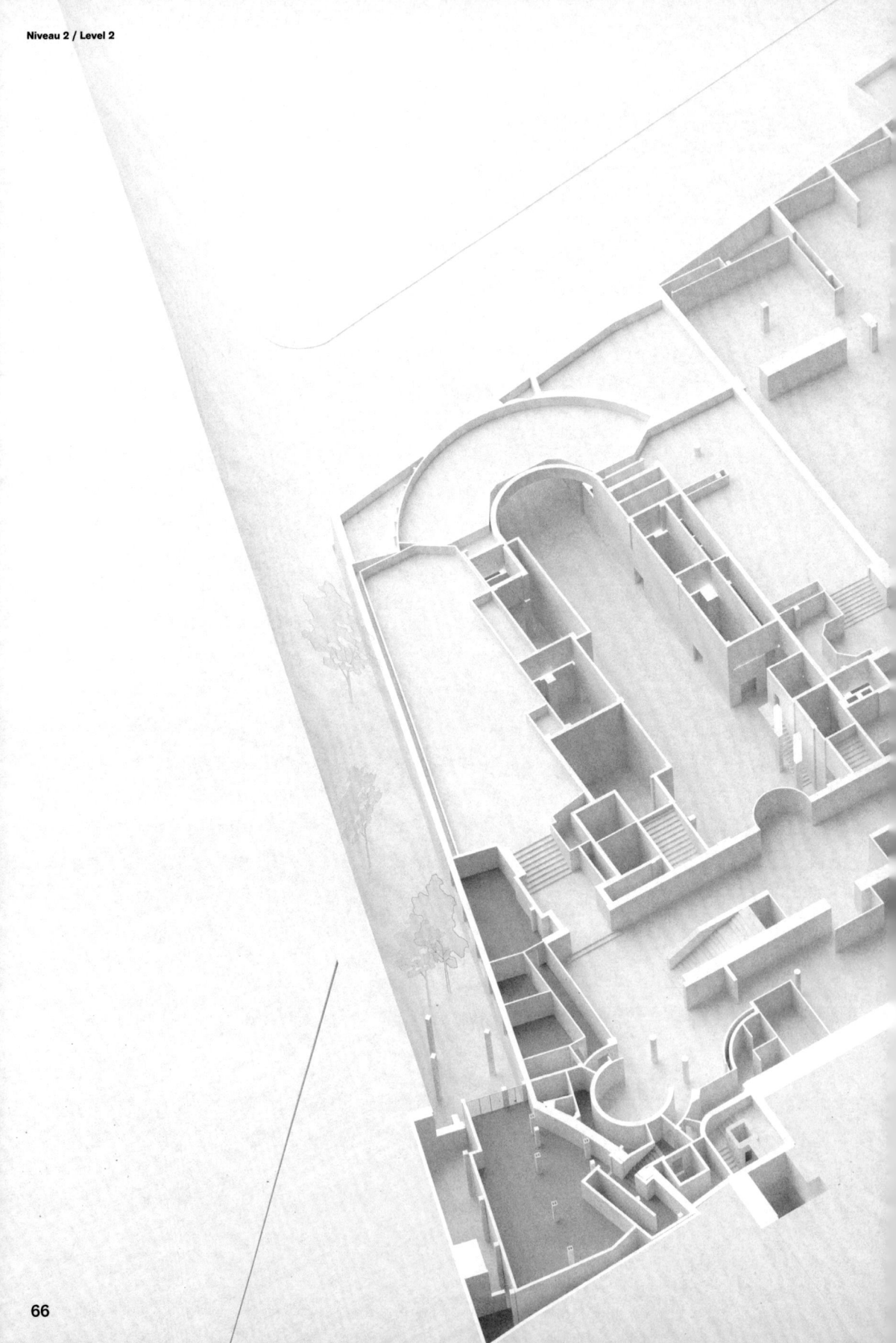

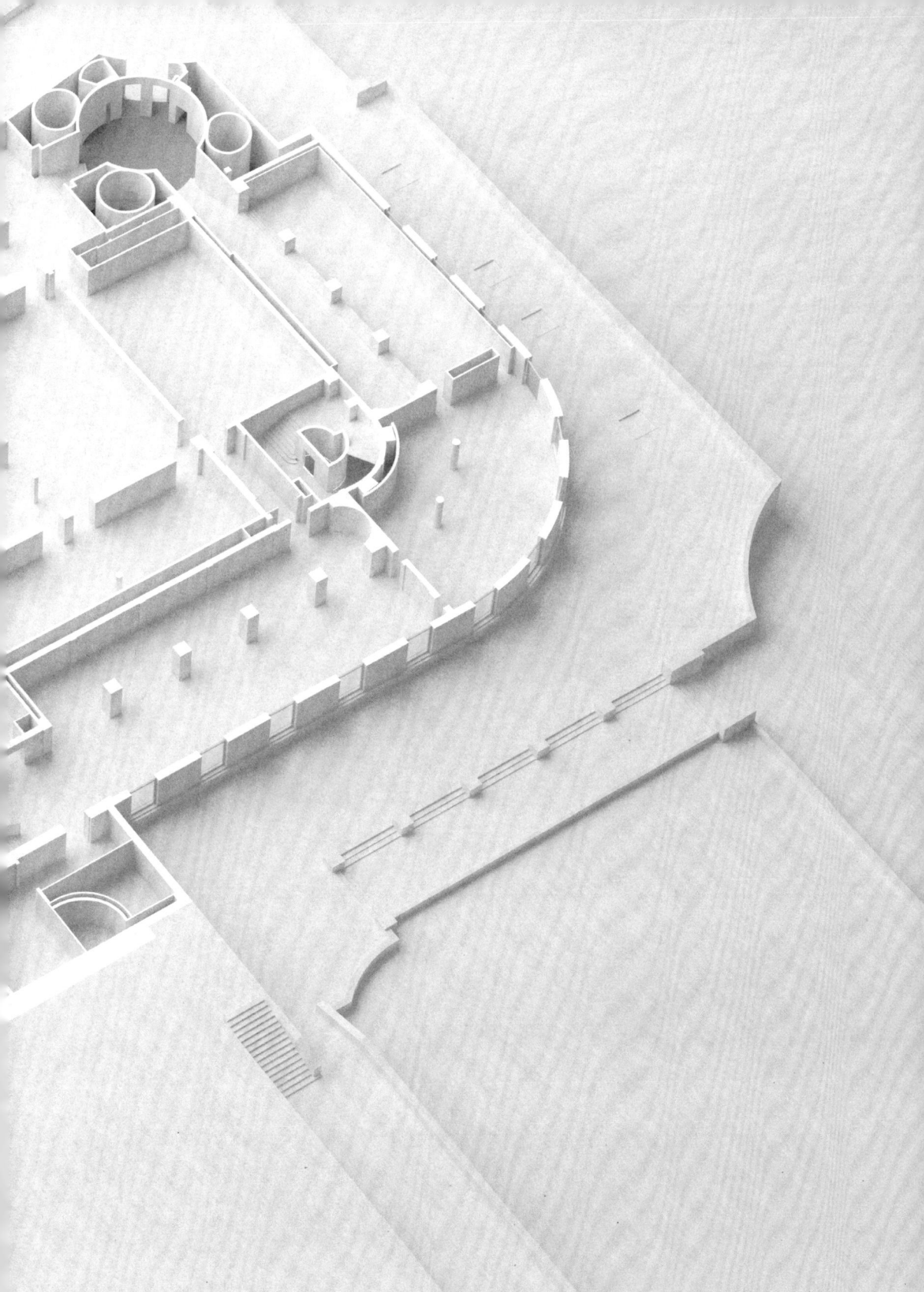

Niveau 3 / Level 3

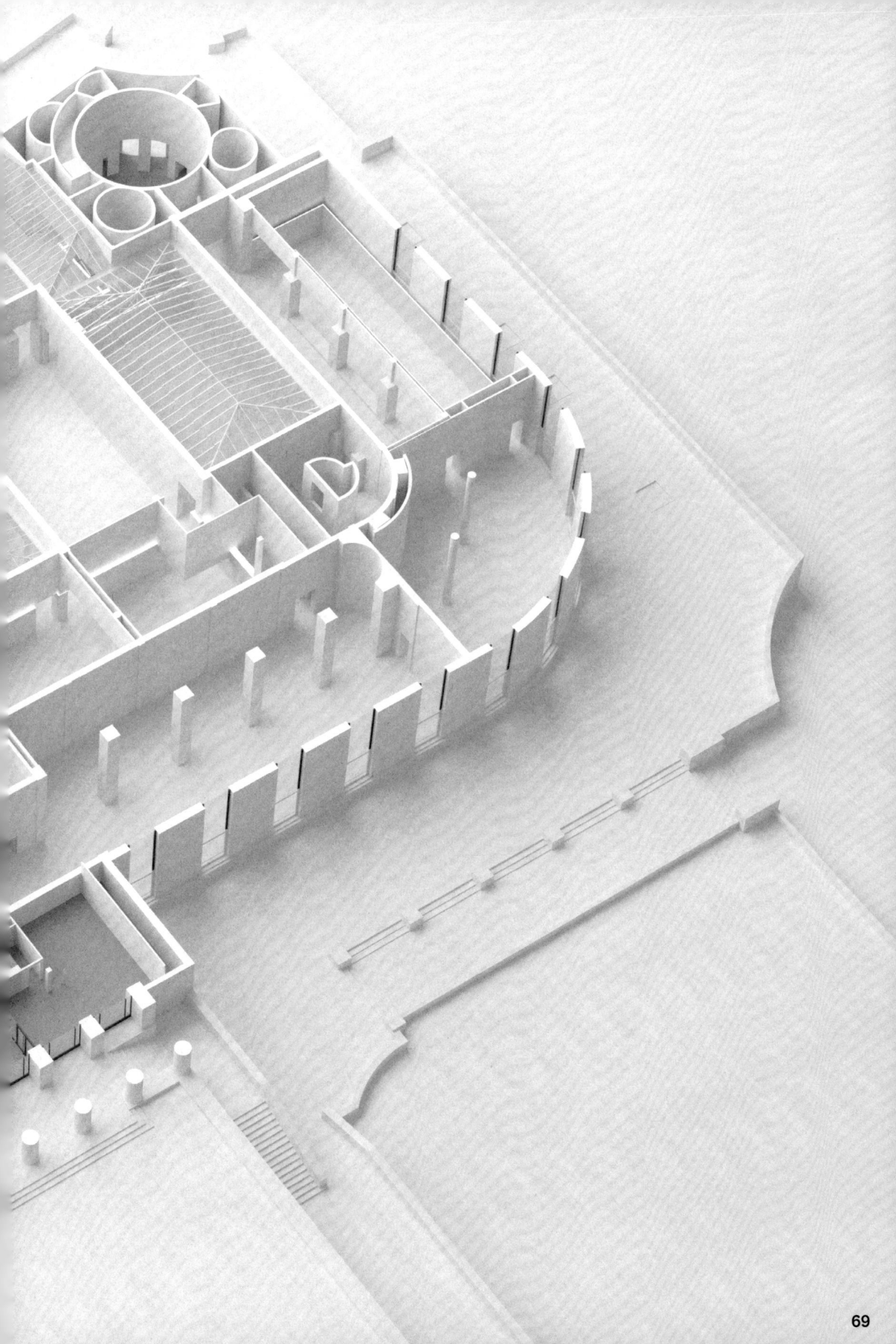

Niveau 4 / Level 4

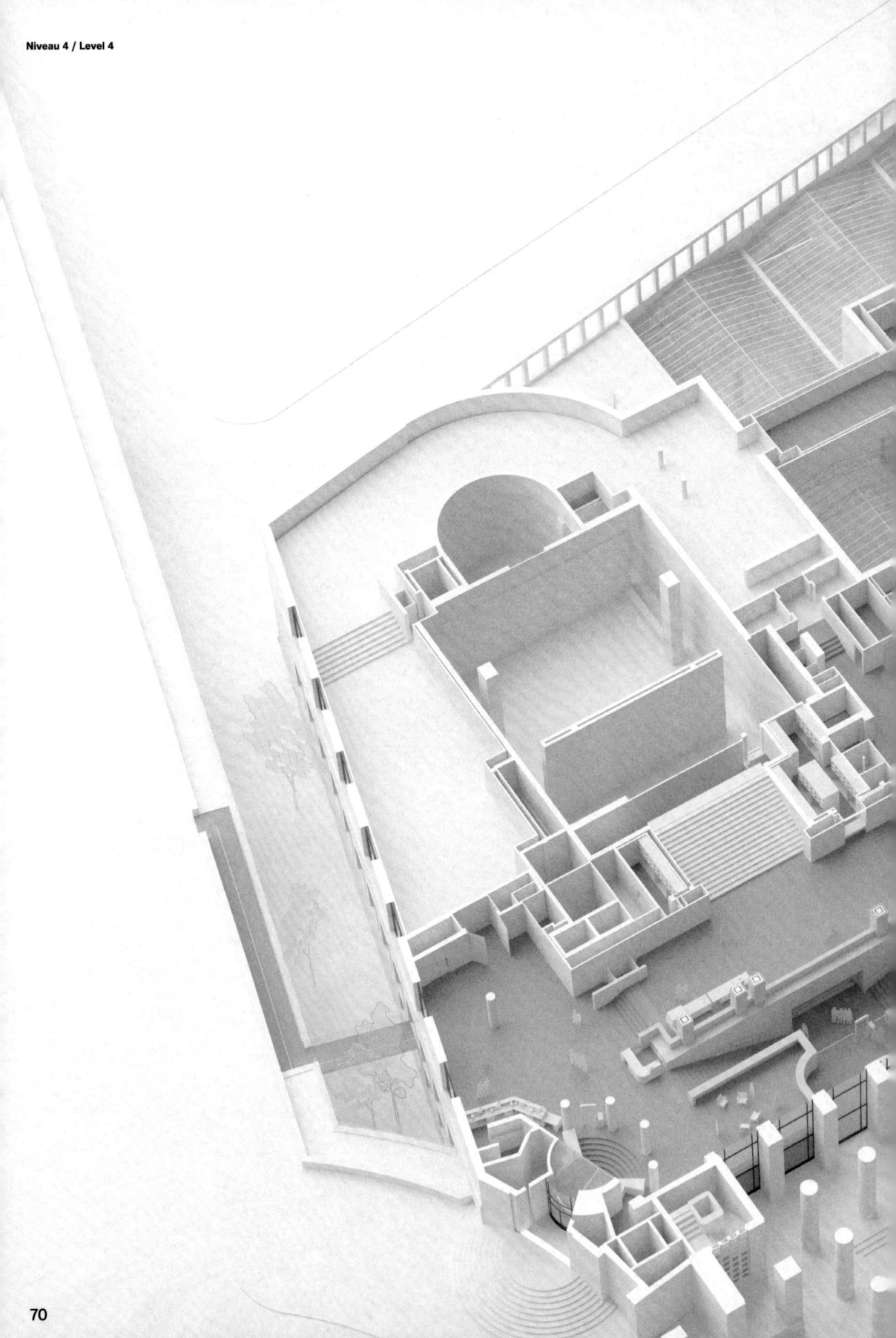

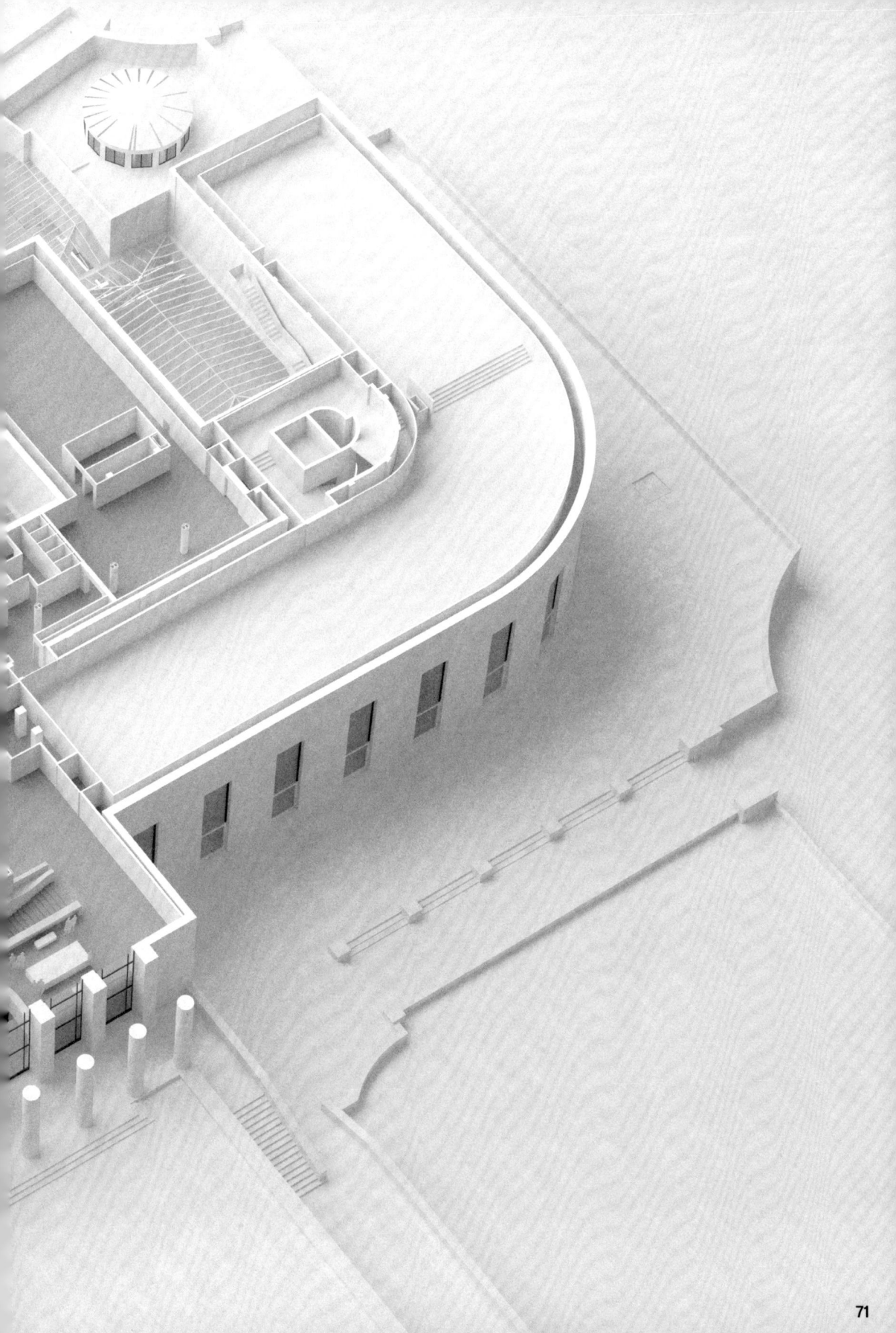

Niveau 5 / Level 5

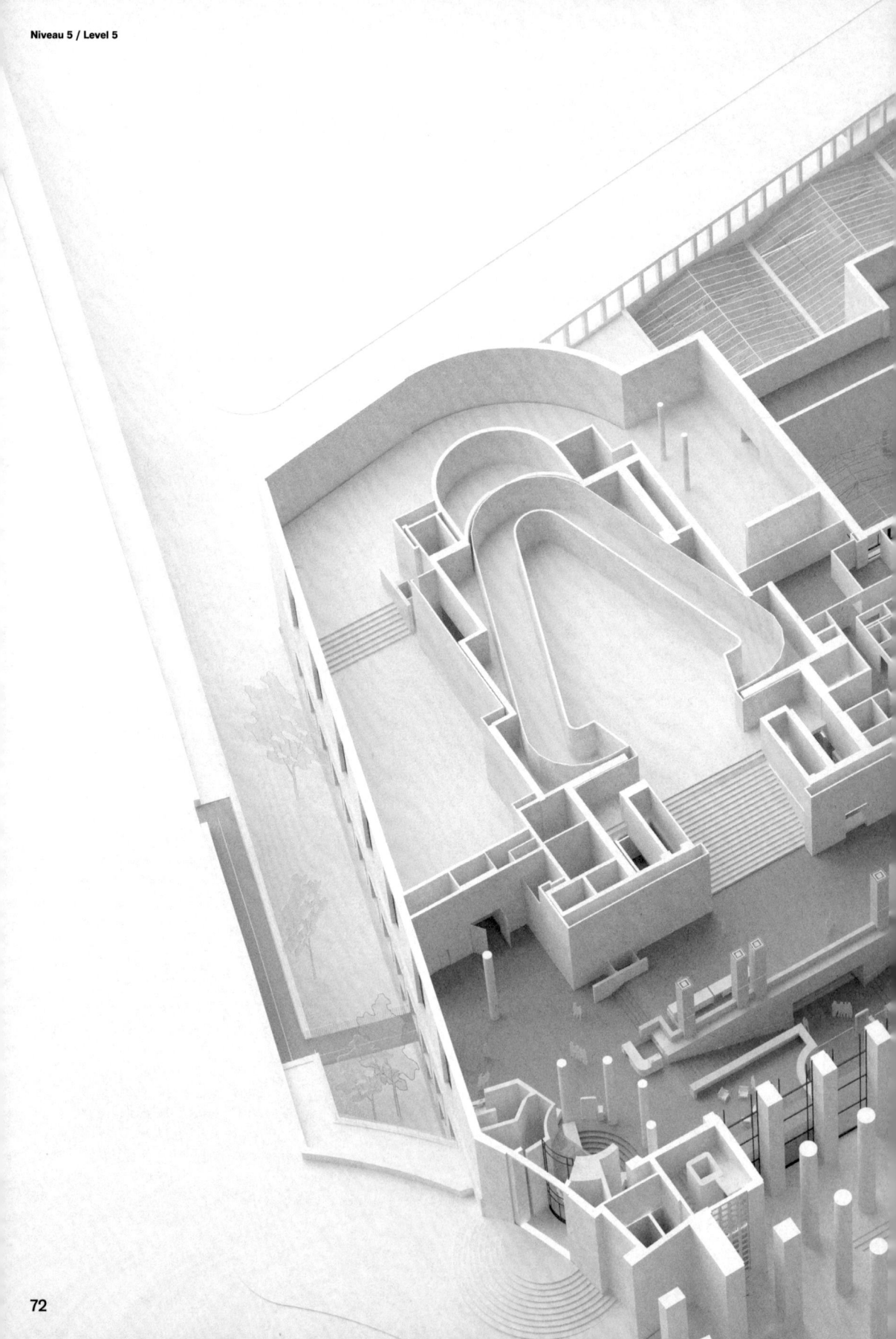

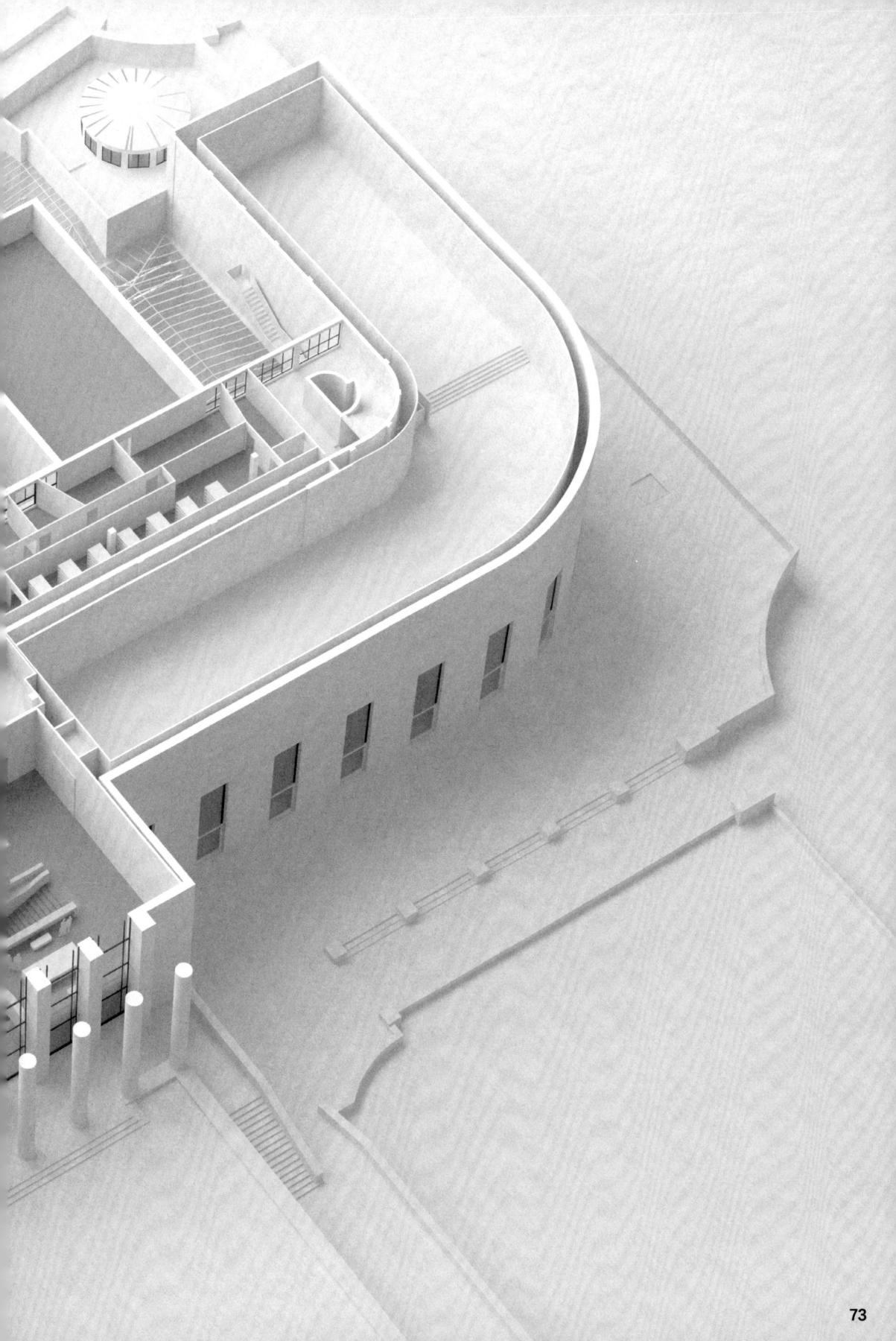

Niveau 6 / Level 6

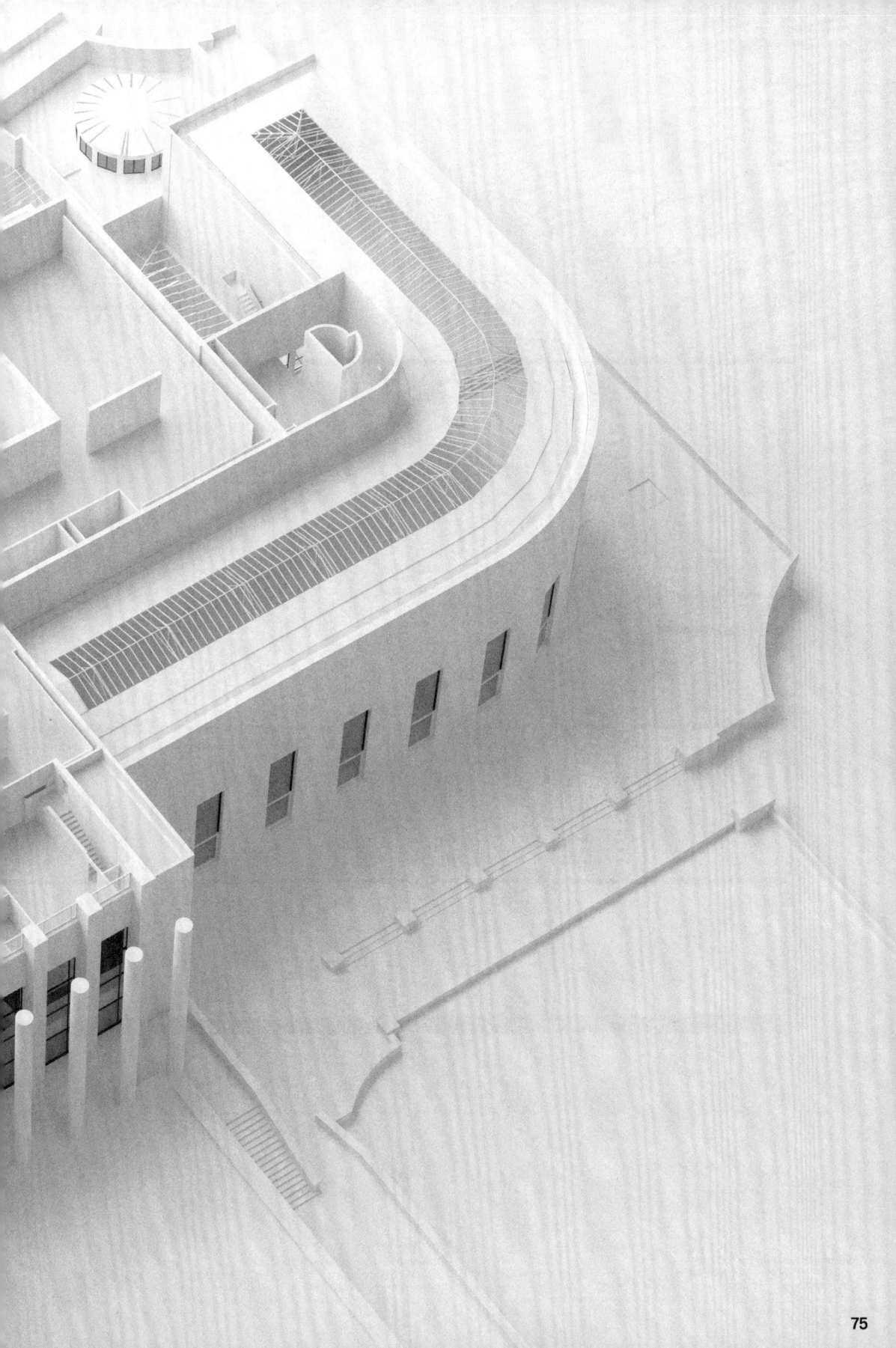

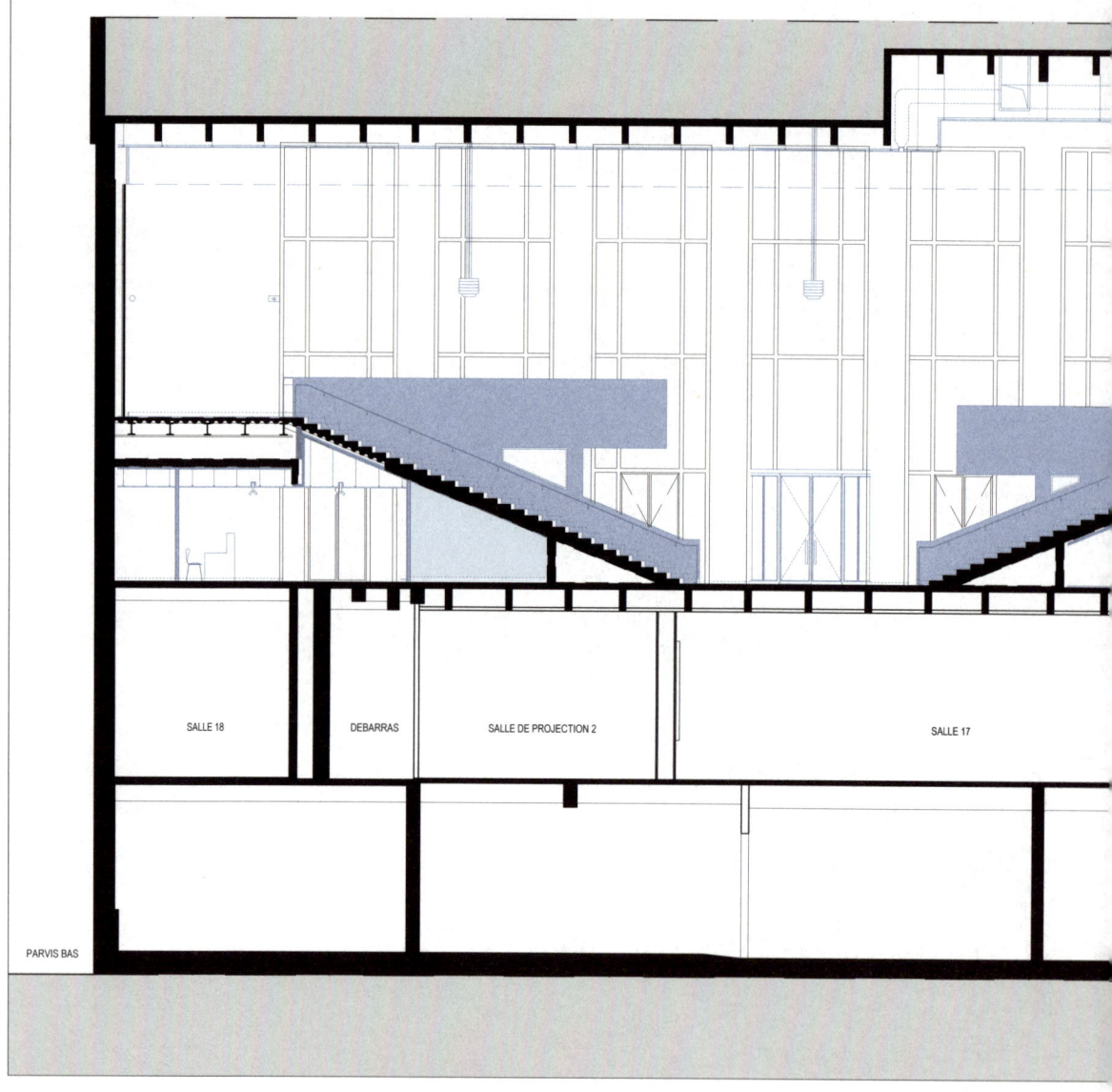

Coupe longitudinale sur les escaliers
Le projet se développe sur l'ensemble des niveaux. La connexion entre les niveaux 3 et 4 du hall est retrouvée. La stratification du musée se donne à lire par le remaniement des variations de hauteur sous plafond. Le nouveau restaurant et ses deux niveaux de cuisines se glissent sous le parvis de l'avenue du Président-Wilson et se connectent par le « saut-de-loup ».

Longitudinal section through the stairs
The project was carried out on all the levels. The connection between levels 3 and 4 of the entrance hall was reinstated. The stratification of the museum can be understood by the redesign of the variations in ceiling height. The new restaurant and its two kitchen levels are located under the forecourt of the Avenue du Président-Wilson and are accessed via the lightwell.

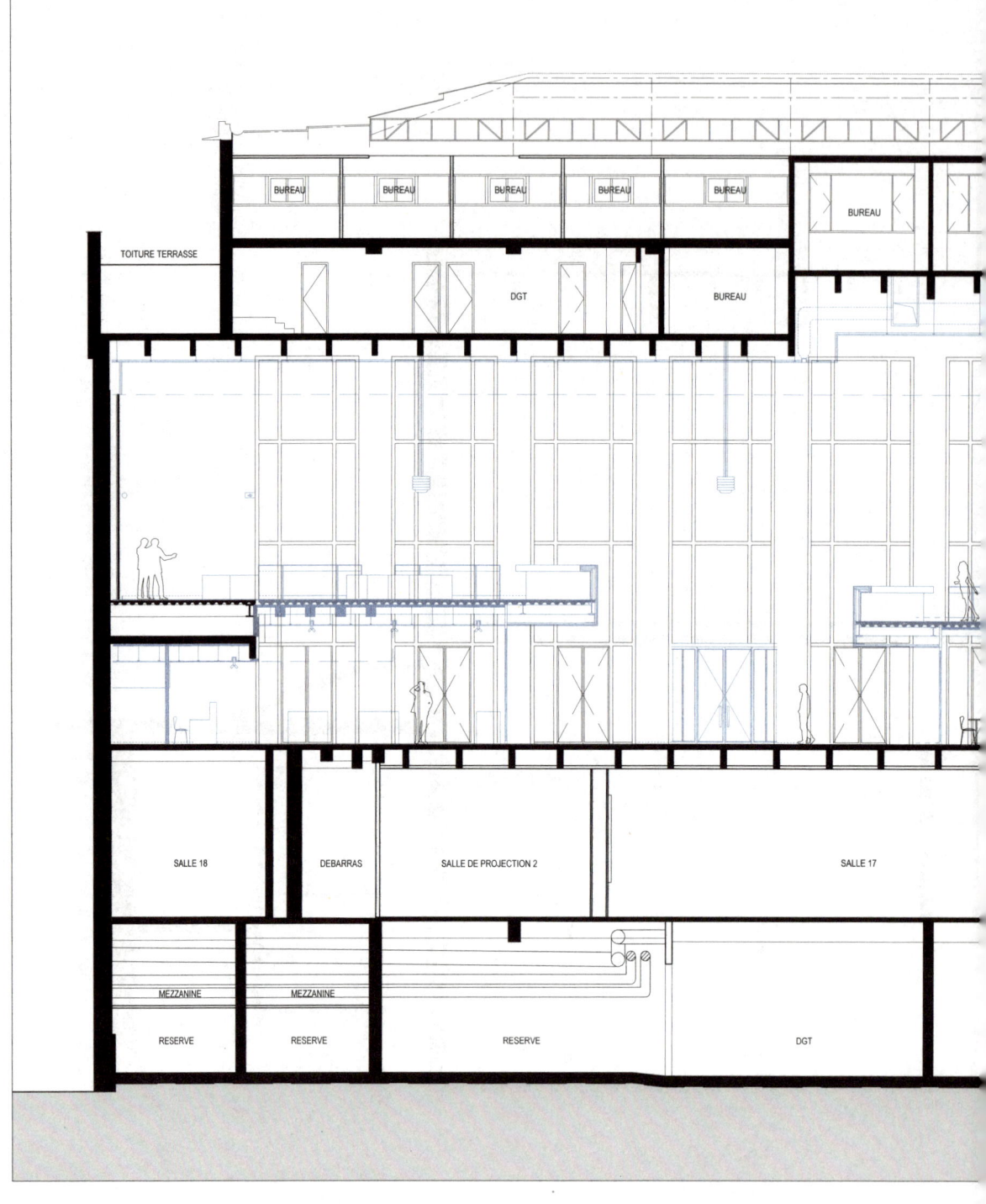

Coupe longitudinale sur les mezzanines
Les nouvelles mezzanines proposent un espace dédié à l'accueil des groupes.
Dessous, se glissent le nouveau restaurant et la librairie, qui gagne en volume.

Longitudinal section through the mezzanines
The new mezzanines provide a space for the reception of groups.
Below, are the new restaurant and the bookshop, which is now bigger.

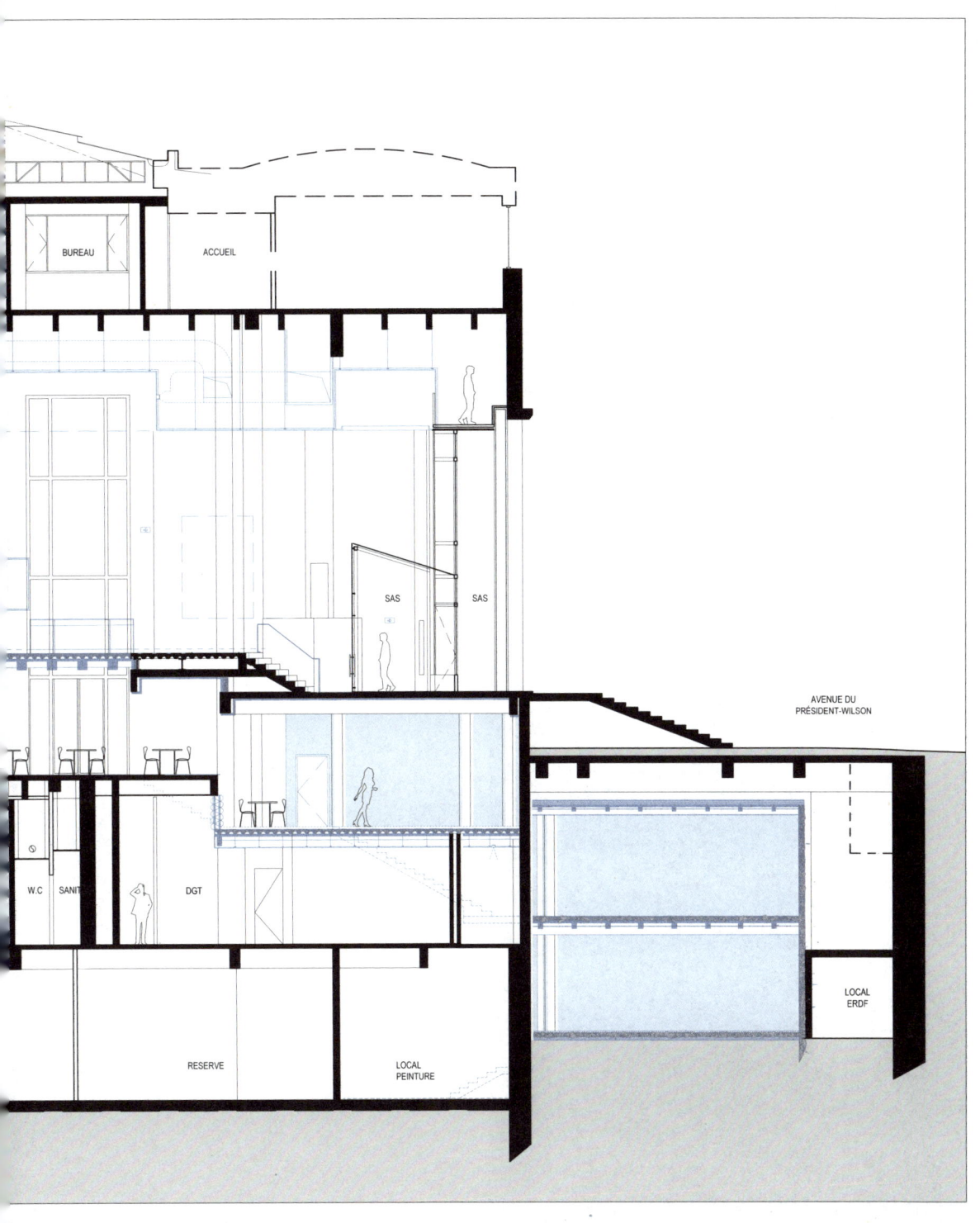

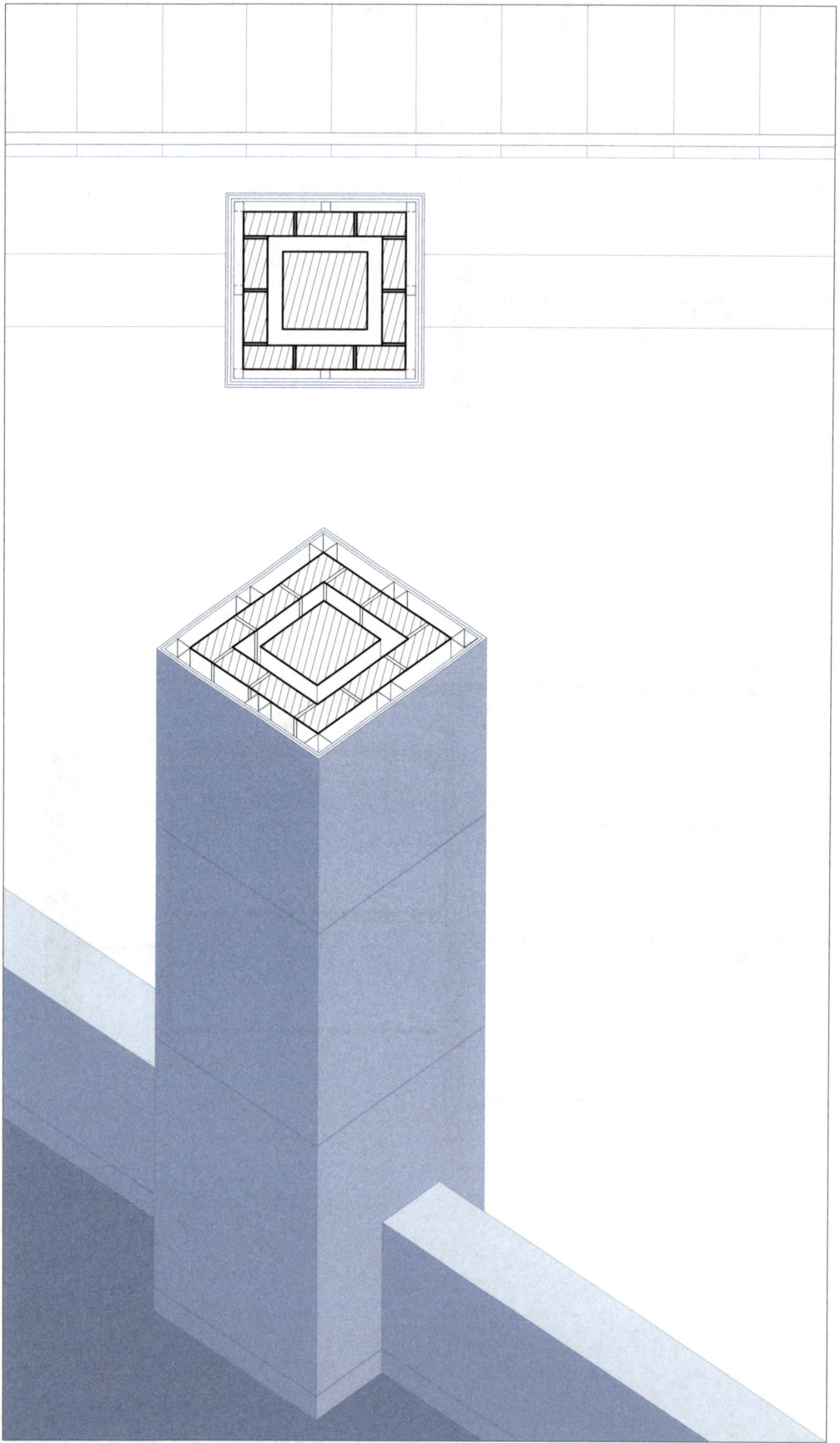

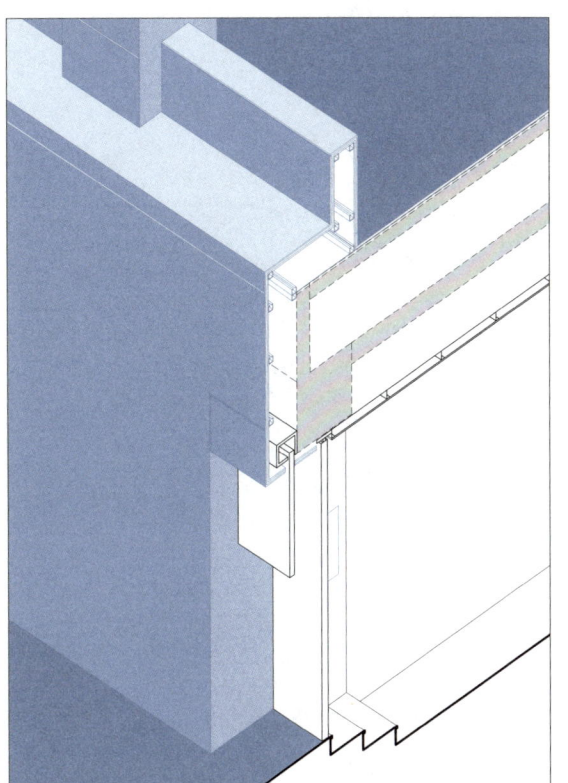 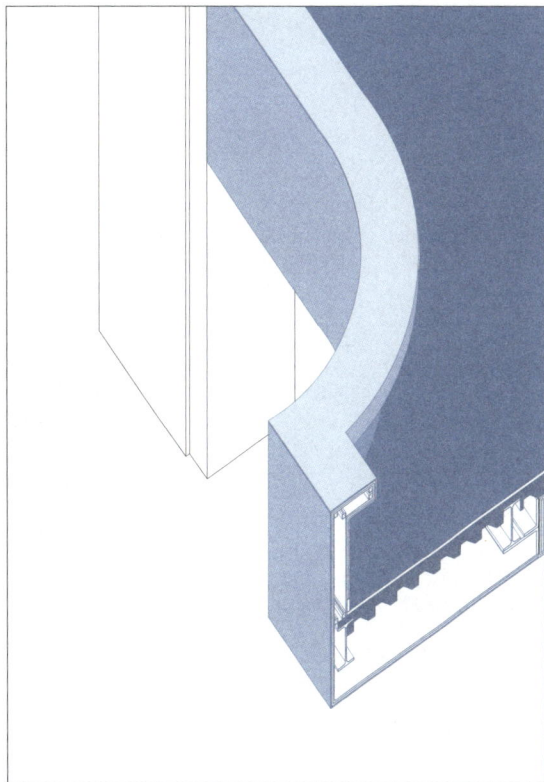

La perception originelle des colonnes a été restituée.
Le projet propose une architecture revêtue à l'échelle du monument.

The original view of the columns has been restored.
The project involved a clad structure in keeping with the scale of the monument.

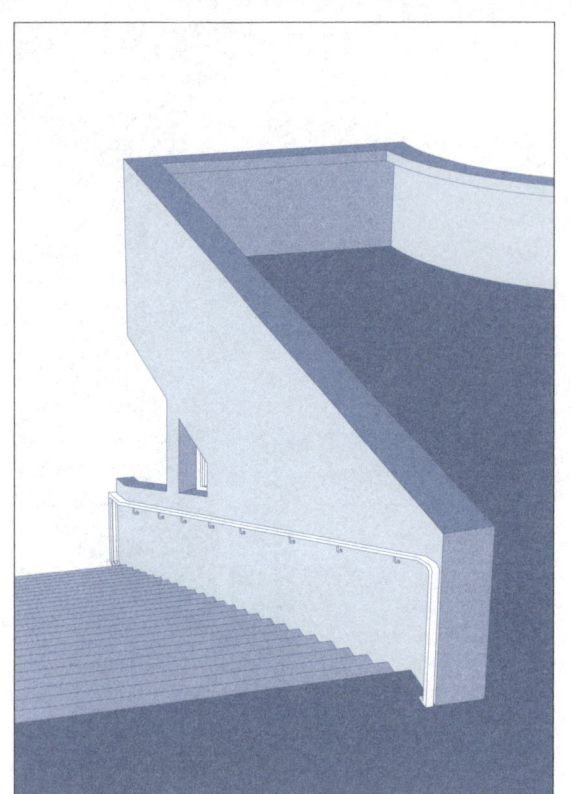 

Les mezzanines prolongent les niveaux originels. Dans leurs proportions et dans le jeu des géométries, elles introduisent un dialogue avec l'existant.

The mezzanine floors are an extension of the original levels. In their proportions and in the interplay of geometries, they introduce a dialogue with the existing structure.

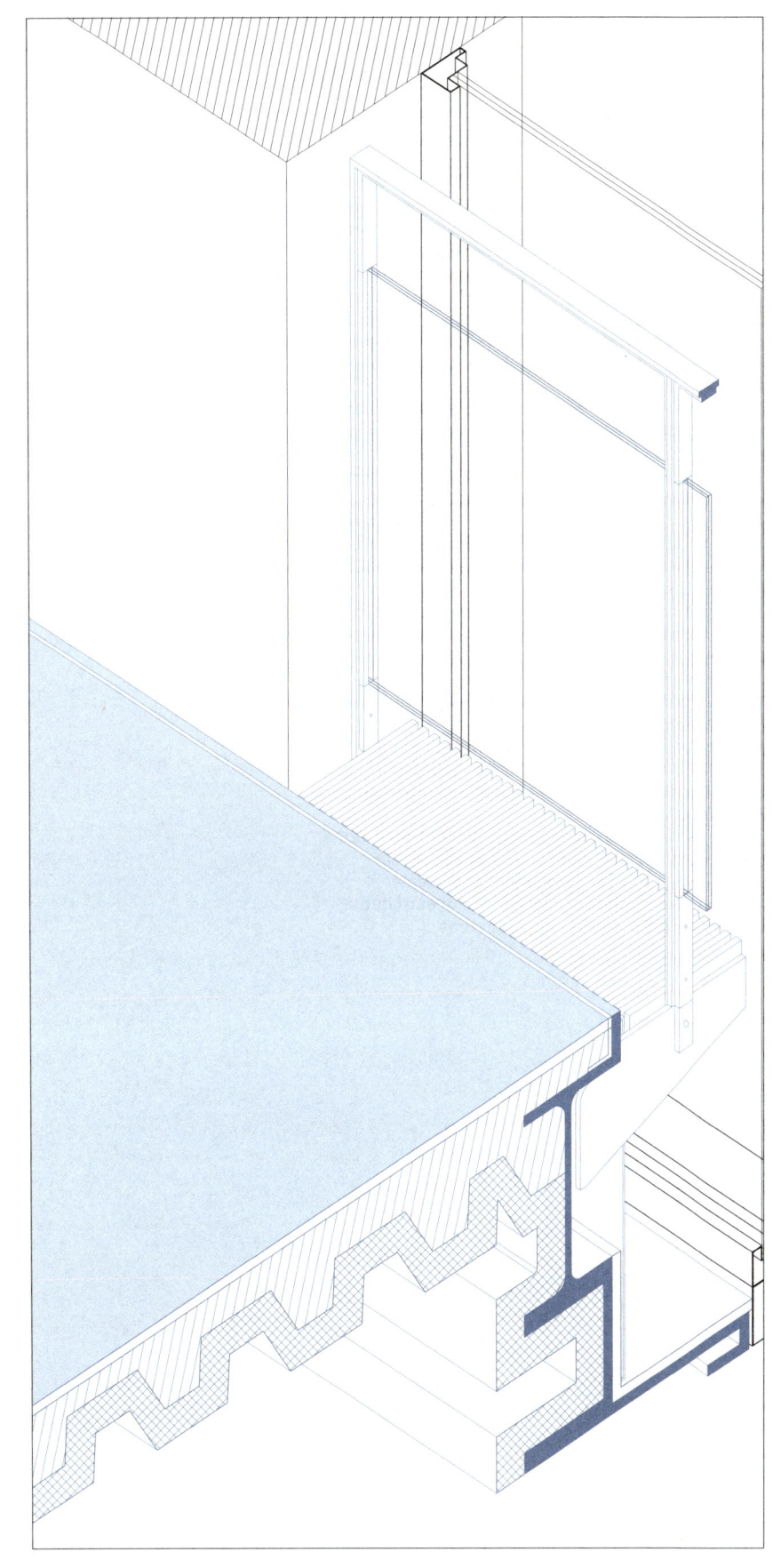

Studio GGSV

Fondé en 2011 par Gaëlle Gabillet et Stéphane Villard, pensionnaires de la Villa Médicis en 2019, le Studio GGSV cultive une approche atypique qui va du commissariat d'exposition à la recherche en passant par le design, l'installation et l'architecture intérieure.

GGSV est lauréat de la Carte blanche du VIA 2011 avec le projet *Objet – Trou noir* pour l'utilisation de matière noire issue des déchets ultimes et la relecture d'un électroménager renouant avec les arts de la table et les arts décoratifs autour de la notion de désencombrement. *Objet – Trou noir* est entré dans les collections permanentes du Centre Pompidou.

Le Studio GGSV est édité par Gufram et Petite Friture. Leurs pièces sont régulièrement exposées (Villa Médicis, Grand Hornu, MUDAC, Pavillon de l'Arsenal, FRAC, Museum für Angewandte Kunst de Francfort, Biennale internationale du design de Saint-Étienne, Maison & Objet, Centre d'art contemporain du château de Rivara à Turin, Salon du meuble de Milan, Galerie des Galeries). Gaëlle Gabillet et Stéphane Villard ont signé l'aménagement intérieur du théâtre de La Commune, centre dramatique national d'Aubervilliers et sont lauréats du prix Paris Shop & Design 2014.

Également commissaires d'exposition, ils ont conçu l'exposition « Form follows information » à la biennale de Saint-Étienne en 2015 et l'exposition « Zones de confort » à la Galerie Poirel à Nancy avec Juliette Pollet, conservatrice design au CNAP. En 2017, le Centre Pompidou leur a donné carte blanche pour célébrer ses quarante ans ; ils ont créé l'installation *Galerie Party*. En 2018, la Galerie des Galeries a dévoilé leur installation surréaliste *Demain, le vaisseau chimère*.

Dans le cadre du projet du musée d'Art moderne de Paris, ils ont développé avec h2o architectes le dessin du mobilier : les comptoirs d'accueil et de billetterie, d'information et de vente ainsi que les casiers, les assises et les luminaires.

Mobilier fantôme

En consultant les archives du musée pour prendre connaissance des aménagements successifs, nous avons été interpellés par la configuration originelle de 1937. En effet, celle-ci présentait un contraste harmonieux entre l'architecture monumentale, minérale, et le mobilier en bois peint, aux allures plus domestiques, générant une sensation très particulière : les meubles apportaient une échelle humaine dans les fonctions d'accueil, d'orientation et de services, tout en révélant l'aspect majestueux de l'architecture. Inspirés par cette dualité, nous avons proposé l'idée d'un mobilier fantôme qui ferait écho à l'esprit de l'époque tout en s'inscrivant dans un style contemporain.

Le travail de design s'est effectué au sein d'un échange fructueux et non hiérarchisé avec les architectes, qui nous a permis de concevoir simultanément les deux échelles d'intervention afin qu'elles se renforcent l'une l'autre. Le projet de réaménagement a d'abord consisté à retrouver l'élégance des volumes architecturaux en dégageant ce qui avait été recouvert par les couches d'aménagements successifs. En redonnant forme aux deux mezzanines originelles, le hall d'entrée se structure et offre un point de vue renouvelé sur le musée et sur la terrasse extérieure. Les escaliers dévoilent leur face-à-face et mènent naturellement vers les salles d'exposition permanente du niveau inférieur, puis vers la Seine.

En résonance avec les marbres et travertins de l'époque, nous avons souhaité maintenir l'ambiance minérale en travaillant sur des bétons et des enduits chargés. Les meubles (comptoir d'accueil, billetterie, boutique) ont été proportionnés de façon à s'inscrire dans le prolongement des reliefs architecturaux. Ils s'appuient sur l'architecture, se fondent dans sa minéralité et s'en détachent en même temps, soulignés par une plinthe ondulée en laiton plié. Le hall du musée est principalement dédié à l'accueil du public mais il est également un lieu de monstration des œuvres, un espace de performance artistique ou encore de réception. Ainsi, nous avons conçu un mobilier servant de pilier silencieux à ces différents enjeux, moments et activités, de façon qu'il ne puisse y avoir aucune confusion entre mobilier et sculpture contemporaine.

Notre intention était de concevoir des équipements sobres qui soient à l'échelle de l'architecture et à la hauteur de son statut. Afin que le mobilier permette au musée d'exercer sa mission d'accueil du public mais aussi d'ouverture à l'expression artistique et à la recherche. Afin que le lieu reste vivant, en somme.

Studio GGSV

Founded in 2011 by Gaëlle Gabillet and Stéphane Villard, who were scholarship students at the Villa Medici in 2019, Studio GGSV takes an atypical approach that takes in curatorial projects, research, product design, installation and interior architecture.

They were winners of the VIA Carte Blanche, 2011, with their project *Objet – Trou noir*, which takes the ultimate waste of society – the end matter – and uses it to create high-temperature resistant bricks and tiles, and also their re-interpretation of a household appliance relating to the decorative arts and the notion of simplification. *Objet – Trou noir* has entered the permanent collections of the Centre Pompidou.

Studio GGSV are published by Gufram and Petite Friture. Their pieces are regularly exhibited (Villa Medici, Grand Hornu, MUDAC, Pavillon de l'Arsenal, FRAC, Museum für Angewandte Kunst in Frankfurt, The Saint-Étienne International Design Biennale, Maison & Objet, Centre of Contemporary Art at the Castello di Rivara, Turin, Milan Furniture Fair, Galerie des Galeries). Gaëlle Gabillet and Stéphane Villard were responsible for the interior design of the Théâtre de La Commune, the national drama centre at Aubervilliers, and were winners of the 2014 Paris Shop & Design award.

They are also exhibition curators and designed the exhibition "Form follows information" at the Saint-Étienne Biennale in 2015 and the exhibition "Zones de confort" at the Galerie Poirel in Nancy, with Juliette Pollet, design curator at the CNAP. In 2017, the Centre Pompidou gave them carte-blanche to celebrate its 40th anniversary; they created the installation *Galerie Party*. In 2018, the Galerie des Galeries presented their surrealist installation *Demain, le vaisseau chimère*.

In the Musée d'Art Moderne de Paris project, they collaborated with h2o architectes to produce designs for the furnishings: the reception desk and the ticket counter, the information desk and the sales counter, as well as the lockers, the seats and the light fittings.

Furniture in the spirit

When we consulted the museum's archives to familiarise ourselves with the various refurbishments, we were struck by the original 1937 arrangement. There was a harmonious contrast between the monumental bareness of the architecture and the painted wooden furniture, which had a more domestic feel, creating a very particular sensation: the furniture brought a human scale to the functions of reception, orientation and service, while at the same time emphasising the majestic aspect of the architecture. Inspired by this duality, we came up with the idea of evoking that furniture, of reflecting the spirit of that age, but doing so in a modern, contemporary style.

The actual design happened thanks to very productive, non-hierarchical discussions with the architects, which helped us to work out the two scales of operation at the same time so that they would properly complement each other. The refurbishment project consisted first in restoring the elegance of the architectural volumes by stripping back to what had been covered by the layers of successive alterations. By restoring the two original mezzanines, the entrance hall has become more structured and provides a fresh view of the museum and the terrace. The stairs are seen to face each other and lead naturally to the permanent exhibition rooms on the lower level, then down towards the Seine.

In resonance with the original marble and travertine, we wanted to conserve the sense of minerality by working with concrete and decorative coatings. The furnishings (the reception desk, ticket counter, and the boutique) are proportioned so as to bring them in line with the architectural reliefs. They are inspired by the architecture, blending into its minerality yet standing out from it at the same time, with fluted brass skirting at the base. The entrance hall of the museum is principally a reception area, but it is also a place where works can be shown, a space for artistic performance or even for hospitality. So we designed furniture that can act as a discreet support for these various demands and activities – so that there can be no confusion between furniture and contemporary sculpture.

Our objective was to design unobtrusive fittings that would be appropriate to the scale of the architecture and its status – so that the furnishings are in keeping with the museum's mission of receiving the public and at the same time providing a platform for artistic expression and research. In other words, so that the venue will always be a vibrant one.

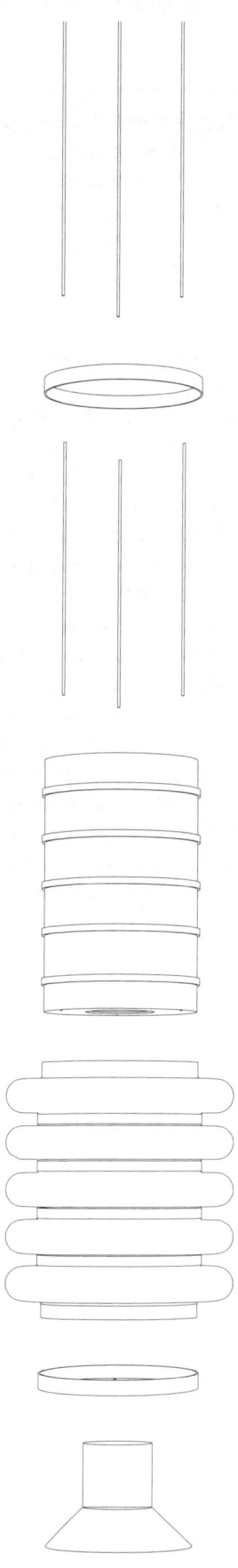

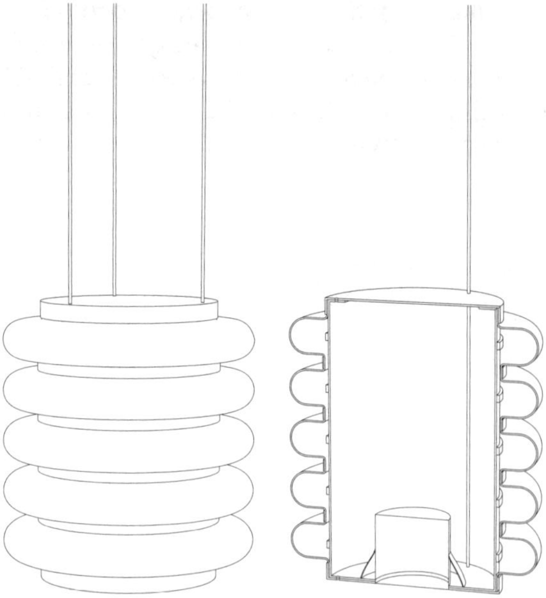

Page de gauche : coupe sur le luminaire. Le lustre intègre un éclairage diffus et un éclairage ponctuel en sous-face pour la mise en lumière des espaces. *Page de droite :* le mobilier s'inscrit dans la continuité de l'architecture, à la charnière entre les différents espaces.

Page left: section through the light fixtures. The chandelier combines diffuse lighting with spot lighting underneath to provide light for the spaces. *Page right:* the desk is a continuation of the architecture, at the interface of the various spaces.

MUSÉE
D'ART
MODERNE
DE LA VILLE DE PARIS

Composer avec l'existant et habiter les interstices
Interview avec h2o architectes

Anaël Pigeat

En parallèle de sa présentation historique retraçant les évolutions du musée et ses expositions marquantes, Anaël Pigeat a réalisé un entretien avec h2o architectes pour comprendre leur approche architecturale du projet. L'entretien s'est déroulé dans leur agence début juillet 2019, après une visite complète du chantier.

Jean-Jacques Hubert et Antoine Santiard, vous vous êtes rencontrés chez Bernard Tschumi. Votre troisième associée, Charlotte Hubert, est architecte en chef des monuments historiques. Dans quelle mesure ce lien étroit avec le patrimoine influence-t-il votre pratique architecturale ?

AS En réalité, nous avions déjà eu des aventures communes avant, cependant il est vrai que notre expérience avec Bernard Tschumi a été décisive. La question du patrimoine ne se posait pas particulièrement. La spécificité du parcours de Charlotte Hubert mais aussi les contextes urbains denses dans lesquels nous travaillons et vivons ont fait que l'enjeu patrimonial a naturellement pris de l'importance dans notre pratique. Le patrimoine n'est pas le sujet mais un des sujets. Nous démarrons souvent un projet en réinterrogeant l'existant ; les recherches que nous faisons se font dans plusieurs directions à la fois.

JJH Nous faisons naturellement le lien entre la situation patrimoniale, le contexte et les paramètres de chacun de nos projets. Nous travaillons à partir d'un programme, d'une question plus ou moins précise qui nous est posée. Le patrimoine, nous le considérons comme un élément d'un contexte, sur le même plan que les autres paramètres. Nous avons mis du temps à expliciter cette idée, le patrimoine relevant souvent d'une forme de sacralité désarmante. Or le musée d'Art moderne de Paris n'est pas seulement un objet patrimonial : le chantier devait se dérouler en milieu occupé, il s'agissait donc de tenir compte du public qui allait continuer à découvrir le lieu comme des personnels qui y travaillaient. Nous nous devions aussi de prêter particulièrement attention au fait que le palais avait été conçu dès le départ dans un lien très fort avec la ville. Notre première approche de ce projet a été de collecter un maximum d'informations, notamment historiques, pour comprendre la spécificité du musée. Le Palais de Tokyo qui lui fait face étant une sorte de faux jumeau, un de nos premiers réflexes a été d'étudier les campagnes de travaux successives qui l'ont transformé, ses forces ainsi que ses fragilités. L'idée était de constituer une riche boîte à outils, qui nous a accompagnés tout au long du chantier.

Vous travaillez sur une multiplicité de programmes dont plusieurs musées : au Louvre, au palais du Trocadéro. Y a-t-il pour vous une singularité dans le fait de travailler sur ce type de structure ?

JJH Pour nous, un projet de musée n'est pas une recherche en soi, ce sont les thématiques mêmes que portent ces lieux qui nous intéressent, l'idée de défricher un nouveau territoire – le site d'Alésia avec la figure de Vercingétorix, ou le musée de la Marine avec la mer et ses marins ! Quels que soient les programmes, il y a des mots et des notions que nous utilisons souvent : l'idée de faire lieu, de révéler des vides, de conserver une sorte de neutralité spatiale. Nous aimons à penser que le lieu est à l'espace ce que l'architecture est à la construction. L'espace public est aussi un sujet passionnant. Nous cherchons à y créer des situations, à prêter attention aux usagers dans le quotidien comme dans l'exceptionnel. Notre projet de la cour d'honneur de l'Assemblée nationale compose avec ces deux éléments, il est le reflet du pouvoir parlementaire tout en laissant une place aux usages du quotidien. Le projet de la place de la Madeleine à Paris, dont les budgets étaient serrés, s'appuie sur l'existant en l'ajustant a minima ; le mobilier vient souligner des situations préexistantes en les révélant, l'espace se devant d'intégrer la capacité d'accueillir des générosités et des attentions. Cette pratique de l'espace public nous a particulièrement servi pour le hall, qui forme naturellement un seuil entre la ville et le musée en lui-même. Il nous a semblé important de tirer le parvis à l'intérieur afin de renforcer cette continuité.

AS Pour le réaménagement du musée, il ne s'agissait pas d'un concours remporté avec un projet dessiné mais d'un appel d'offres public basé sur la présentation d'une méthodologie de travail. Le maître d'ouvrage cherchait une équipe avec une démarche ouverte plutôt qu'une réponse toute faite à une question qu'il n'avait pas fini de formuler. Notre agence intègre plusieurs champs disciplinaires, y compris la programmation. Cela nous a permis de questionner, formuler et tester différentes hypothèses, le projet ayant pour objectif de renouveler les conditions d'accueil du public et de travail des personnels. Nous avons par exemple examiné les usages du hall, en essayant de ne pas dénaturer son identité initiale. Il y a un contexte très fin, assez simple et tenu ; les architectes Claude Dondel et André Aubert ont mis en place des volumétries à la géométrie composée, la structure du bâtiment est revêtue de divers parements qui modifient la perception qu'on en a. Nous nous méfions des concepts et des idées qui peuvent porter un projet vers des raccourcis simplificateurs. Nous avons développé notre projet par hypothèses et par options ouvertes qui se sont mises en place naturellement, tenant compte de ce qui était strictement nécessaire, en dialogue avec le contexte et en ne perdant pas de vue les modalités de l'appropriation future.

Comment avez-vous conçu le nouveau hall ?

JJH Il était très important pour nous de ne rien verrouiller, de comprendre l'articulation des espaces et de partager notre réflexion. Nous avons souhaité assez simplement retrouver le vide qui, en 1937, se trouvait au cœur du hall, et donnait l'échelle du lien avec le parvis. Il constitue aussi une invitation à monter vers la salle Dufy et les espaces de l'ARC (Animation – Recherche – Confrontation), et à descendre plus naturellement vers les collections permanentes. Nous voulions aussi créer des espaces de vie, et avons proposé les deux nouvelles mezzanines qui se font face et encadrent les grandes baies dans une courbe embrassant les lieux. Cette géométrie existait dans l'espace originel ; on la retrouve en fausse symétrie avec le Palais de Tokyo. En 1937, elle intégrait même des dispositifs de chauffage et de ventilation. Nous apprécions particulièrement ce type de dispositifs combinant plusieurs usages et enrichissant les pratiques.

AS La première de ces mezzanines pourra accueillir des œuvres de façon temporaire et abriter un petit salon informel ; elle offre un espace de respiration en retrait des parcours. La seconde permet d'accueillir les groupes pour conserver la fluidité des trajets des visiteurs dans les autres espaces du hall. On retrouve cette sorte de promontoire ou de vigie dans le grand escalier de l'opéra Garnier. Ce cœur du hall est un peu comme la croisée des chemins, nous y avons donc redéployé les services au public sur les différents niveaux. Les étages supérieurs abritent les bureaux de la conservation. Le plafond mobile créé par Pierre Faucheux en 1969 n'existait plus, il avait été remplacé par un plafond rabaissant les hauteurs d'usages sans tenir compte des volumétries. Nous avons pris le parti de retirer ce plafond ainsi que l'habillage des colonnes qui étaient réunies par des cimaises car ces éléments masquaient les vues sur l'extérieur. Notre objectif était de percevoir à nouveau la ville par les baies cadrant les perspectives de l'avenue du Président-Wilson comme les respirations vers le parvis. Nous essayions ainsi d'articuler un usage classique avec des espaces flexibles plus contemporains, tout en retrouvant un lien avec la ville. Les matériaux proposés sont peu bavards, car il s'agissait de conserver l'idée d'une neutralité généreuse pour mettre en valeur les œuvres, qui fait la qualité de ce musée et à laquelle nous sommes attachés. Nous avons développé le projet jusqu'à l'échelle de la main, avec l'aide du Studio GGSV pour ce qui concerne le mobilier intégré.

Vous parlez aussi d'un musée en cascade qui accompagne la topographie vers la Seine, et que vous avez voulu retrouver, un côté théâtral, presque italien. C'est inattendu, bien que très réel, dans ces lieux qui, au premier regard, évoquent plutôt une architecture autoritaire que les cascades de Tivoli !

JJH Cet étagement, cette stratification vers la Seine nous sont apparus renforcés au moment où nous avons conçu l'entrée provisoire du musée, qui a été utilisée pendant la durée des travaux. Le musée est en effet resté ouvert, continuant à accueillir de nouvelles expositions, le temps du chantier. Le musée avait dès l'origine deux entrées : il était donc facile de remettre en fonctionnement la deuxième, donnant sur l'avenue de New-York, qui n'avait pas été utilisée depuis longtemps, tout était en place ! Aujourd'hui, comme le Palais de Tokyo, le bâtiment tourne le dos à la Seine à cause de la circulation sur berges, mais dans quelques années il en sera sûrement autrement. La ville retrouvera ici aussi, nous l'espérons, son lien avec le fleuve.

AS Cette mise en scène qu'offre le musée est très perceptible sur le parvis en terrasses successives, avec le bassin et ces grands emmarchements qui sont souvent utilisés pour des événements comme des défilés de mode, ce n'est pas un hasard.

Vous avez aussi souligné la dimension illusionniste, presque fantaisiste de ce que vous appelez cette « architecture revêtue » que vous avez eu la chance de découvrir, à la différence de Lacaton & Vassal au Palais de Tokyo, qui se sont trouvés face à un squelette. Vous avez par exemple conservé en pleine conscience de cause les parements de brique qui servaient à épaissir le volume des grandes colonnes du hall pour renforcer leur monumentalité.

JJH Nous avons travaillé les coulisses de ce lieu, comme dans un théâtre effectivement. Nous avons utilisé les espaces plus comprimés, les plus banalisés, par contraste avec ceux monumentaux, pour y glisser des éléments techniques de services, des sanitaires, les cuisines du futur restaurant. Dans un esprit un peu semblable à notre projet de réaménagement du familistère de Guise, dans l'Aisne, nous avons aussi ménagé des possibilités d'appropriation, des espaces de conversation. De même, dans notre pratique, nous ne parlons jamais de façade à composer mais de l'enveloppe, qui dépend des usages, de ce que l'on souhaite donner à voir et de la manière de l'activer. Un musée, c'est un endroit assez confortable, on sait que l'on va s'y nourrir. Pour un architecte, ce n'est pas l'endroit pour sur-exister et, en même temps, nous avions des choses à raconter… il y avait un juste équilibre à trouver !

AS   Au musée, nous assumons la monumentalité du bâtiment et avons trouvé notre place et exprimé notre savoir-faire dans les interstices, par exemple en nous emparant de la cour anglaise que l'on appelle le « saut-de-loup », en contrebas de l'avenue du Président-Wilson. Ces espaces interstitiels nous font penser à l'image d'un gant que l'on retourne et dont on aperçoit la doublure intérieure, comme une double peau, un double usage.

Dans votre projet, il y a aussi des espaces qui restent en suspens, ou en attente : par exemple, une salle qui pourra à l'avenir donner lieu à l'aménagement de bureaux complémentaires. C'est la partie supérieure de l'ancien auditorium. On pourrait les imaginer comme les silences d'une conversation, comme des zones d'inconscient préservées.

JJH   Ils sont en tout cas support de nombreuses projections et de rêve ! Nous voulons surtout mettre en place des conditions d'aménagement, tout en sachant que les choses se feront avec le temps. Nous travaillons essentiellement pour le secteur public et nous nous positionnons en citoyens et en passeurs. Sur un précédent projet, nous avons appelé cette méthode une « stratégie d'incursion progressive ». C'est l'inverse d'un chantier qui ne ferait que répondre strictement à la question posée sans prévoir le coup d'après. C'est une forme d'écologie, de réponse à une nécessité.

AS   Ce qui est drôle, c'est qu'il ne s'agit pas de conserver ces espaces en attente mais de les créer pour que le musée ne se… muséifie pas, et ne se referme pas sur lui-même ! Cela rejoint l'idée d'un lieu qui serait aussi un laboratoire d'innovation, comme l'ARC dont l'existence a été si importante pour la création contemporaine depuis presque cinquante ans.

Et puis il y a aussi toutes les traces que vous avez relevées pendant le chantier, qui sont pour certaines redevenues invisibles, et que vous avez pour d'autres discrètement conservées pour que l'on puisse éventuellement les remarquer : le graffiti d'une faucille et d'un marteau sur une poutre de béton, des bribes de corniches, les marques de supports de scénographie de Pierre Faucheux sur le sol du hall…

JJH   On nous a demandé de travailler avec un budget très ajusté, ce qui nous a conduits à rechercher des solutions d'économie, de conservation d'éléments en place mais aussi de réemploi d'équipements. Il s'agissait de s'appuyer sur l'existant, de ne mettre en œuvre que ce qui était nécessaire. Nous avons voulu préserver un héritage et une mémoire, qui passe aussi par l'observation des couches de patine successives : elles racontent à leur manière un autre musée. Au-delà de la difficulté pratique, c'est finalement un esprit qui va bien à ce lieu et à son histoire.

Working with what was already there
Interview with h2o architectes

Anaël Pigeat

In addition to her brief history of the various transformations of the museum and its major exhibitions, Anaël Pigeat conducted an interview with the architects from the agency h2o architectes to gain an understanding of their architectural approach to the project. The interview took place at the agency at the beginning of July 2019, after a full site visit.

Jean-Jacques Hubert and Antoine Santiard, you met when you were working at Bernard Tschumi Architects. Your third partner, Charlotte Hubert, is a Chief Architect for Historic Monuments. To what extent does this close connection with heritage influence your architectural practice?

AS In fact, we had already been involved in projects together before, but it is true that our experience with Bernard Tschumi was crucial. The question of heritage was not particularly prominent. The specific character of Charlotte Hubert's background, but also the dense urban contexts in which we work and live, have naturally brought the heritage aspect to the fore in our work. Heritage is not the subject but one subject among several. We often start a project by re-examining what already exists; the research we do goes off in several directions at the same time.

JJH We naturally make the link between the heritage situation, the context and the parameters for all our projects. We work from a more or less clearly set out plan or question that we are presented with. Heritage is something we treat as part of a context, on the same level as the other parameters. It took us a while to clarify this idea because there can sometimes be something disarmingly sacrosanct about dealing with heritage. Well, the Musée d'Art Moderne de Paris is not only a heritage site, but the work had to be carried out while people were still using it, so we had to take into account the public, who would still be visiting the museum, as well as the staff working in it. Furthermore, we felt we had to be very aware of the fact that from the outset the palace had been designed with a very strong connection to the city of Paris. The first thing we did was to collect as much information as possible, especially historical information, in order to understand the special character of the museum. The Palais de Tokyo, which stands opposite, is a kind of non-identical twin, so one of our first instincts was to study the successive building projects that have made it what it is now, the strong points but also any weaknesses. The idea was to put together a useful toolkit, and it is still something we use on the site now.

You are involved in a wide range of projects, including several museums: the Louvre and the Palais du Trocadéro, for example. Do you find there is something special about working on these types of structures?

JJH We don't see a museum project as a research project in itself, we are interested in the themes that these places address, the idea of opening up new territory – the site of the battle of Alesia, for example, with the figure of Vercingetorix, or the Musée de la Marine with the sea and the seafarers. Whatever project we're on, there are words and concepts that we often use: the idea of creating a place, of revealing empty space, of maintaining a kind of spatial neutrality. We like to think that place is to space what architecture is to construction. Public space is an exciting subject, too. We look to create situations in it, to pay attention to the way people use it in ordinary circumstances as well as in unusual ways. Our project for the main courtyard of the National Assembly integrates these two elements; it reflects parliamentary power while still leaving room for ordinary everyday use. The Place de la Madeleine project, in Paris, where the budget was tight, was based on the existing building with a minimum of adjustment; the furniture was used to highlight already existing situations by revealing them, the space had to integrate an ability to accommodate generosity and attention.

This approach to public space was particularly useful to us for the entrance hall, which acts as a natural threshold between the city and the museum itself. We thought it was important to extend the forecourt to the inside in order to emphasise that continuity.

AS For the refurbishment of the museum, it wasn't a competition that we won with a pre-designed project but a public call for tenders that involved presenting a method of work. The project leader was looking for a team with an open approach rather than a ready-made answer to a question that hadn't yet been fully articulated. Our agency combines several disciplinary fields, including programming. This enabled us to investigate, formulate and test various hypotheses to meet the objective of the project, which was to redesign the way the public is received and the working environment of the staff. For example, we looked at the ways in which the entrance hall was used, trying not to pervert its original identity. There is a very subtle, fairly straightforward and well-established context; the architects Claude Dondel and André Aubert installed volumetrics with compound geometry, the structure of the building is lined with a number of claddings that modify one's perception of it. We are wary of concepts and ideas that can lead to simplistic shortcuts in a project. We developed this project through hypotheses and open options that emerged naturally, taking into account what was strictly necessary, engaging with the context and with an eye to the modalities of future appropriation.

How did you go about designing the new hall?

JJH It was very important for us not to rule anything out, to understand how the spaces fit together and to share our thoughts. We just wanted to recreate the empty space in the middle of the hall that was there in 1937, and which provided a scale for the link to the forecourt. It also acts as an incitement to go up to the Salle Dufy and the ARC spaces (Activities – Research – Confrontation), and makes it a more natural decision to go down to the permanent collections. We also wanted to create vibrant spaces, and we came up with the two new mezzanines that face each other and frame the large windows in a curve that spans the area. This geometry existed in the original space; you find a falsely symmetrical version of it in the Palais de Tokyo. In 1937, it even included heating and ventilation systems. We particularly appreciate features of this sort, which combine several functions and expand what is being done.

AS The first of these mezzanines will be suitable for temporary displays and will have a small informal sitting area, providing a breathing space set back from the exhibitions. The second one can accommodate groups so that the flow of visitors in the other areas of the hall is not disrupted. You get this sort of promontory or vantage point on the grand staircase of the Opéra Garnier. The middle of the entrance hall is a bit like a crossroads, so we repositioned the visitor facilities over the various levels. The new levels correspond to those on the upper floors, which are where the curators' offices are located. The adjustable ceiling created by Pierre Faucheux in 1969 no longer existed. It had been replaced by a ceiling that reduced the usable height without taking into account the volumetrics. We decided to remove this ceiling and the cladding on the columns, which had display partitions connecting them, because these elements obscured the views of the outside. Our objective was for people to be able to see the city again through the windows that frame the views of the Avenue du Président-Wilson like the views towards the forecourt of the Palais de Tokyo. It was an attempt to combine a classic use of space with more contemporary, flexible spaces and at the same time to reconnect with the city. The materials used are fairly subdued because we wanted to preserve the idea of a generously neutral space that shows off the works at their best – that has always been the hallmark of this museum and it's an aspect we are very committed to. We developed the project right down to the handmade things, with help from the Studio GGSV designers for the built-in furniture.

You have also talked about a museum that cascades down the terrain to the Seine, and you wanted to capture that sensation, an idea that is almost Italian in its theatricality. It's unexpected, although very real, in a place like this which, at first glance, looks more like totalitarian architecture than the waterfalls of Tivoli!

JJH When we designed the temporary museum entrance that was used during the building work, it seemed to emphasise that terracing effect, the stratification down towards the Seine. The museum remained open, you see, and continued to put on new exhibitions while the renovation work was going on. The museum has always had two entrances, so it was easy to bring the second one back into operation – the one overlooking the Avenue de New-York. It hadn't been used for a long time, but everything was already there! Nowadays, like the Palais de Tokyo, the building turns its back on the Seine because of the traffic on the embankments, but in a few years' time things are bound to change. Here too, we hope, the city will reconnect with the river.

AS The theatrical quality of the museum is very apparent in the successive descending terraces, with the fountain and those wide flights of steps. It's no surprise that they're often used for events like fashion shows.

You also make much of the illusionist, slightly whimsical aspect of what you have described as the "clad or 'revetment' architecture" that you were lucky enough to have to deal with, unlike Lacaton & Vassal at the Palais de Tokyo, who found themselves up against a skeleton. For example, you quite consciously preserved the brick facings which had been put there to bulk out the great columns in the entrance hall as a way of accentuating their monumental character.

JJH We worked behind the scenes of this place, in fact, as if it were a theatre. We used the more confined, the more ordinary spaces, rather than the monumental areas, to accommodate the technical service items, toilet facilities and the kitchens of the planned restaurant. In a somewhat similar spirit, in our redevelopment project for the Familistère at Guise, in the Aisne, in the north of France, we also created opportunities for appropriation and spaces for conversation. They're all small things, programming unexpected situations, a clear definition of the purposes that shaped the project while at the same time leaving room for the unexpected. For example, in our practice, we never talk about designing a *façade*; our word is the *envelope*, which depends on the way it is used, what we want to show and the way it is made to function. A museum is a pretty comfortable place; you know you're going there for cultural nourishment. It's not a place where you want to be too much in evidence as an architect but, at the same time, we wanted to make a statement – it was a matter of finding the right balance.

AS   At the museum, we took on board the monumental nature of the building and we found our place and used our expertise in the in-between areas, for example by using that sort of lightwell that runs along below street level on the Avenue du Président-Wilson. Those in-between spaces are a bit like turning a glove inside out; the inner lining that you expose is like a second skin, providing an extra function.

> In your project, there are also spaces that are on hold, on standby, as it were: for example, a room that may in the future be used to provide additional office space. It's the upper part of what used to be the auditorium. One can think of them as silences in a conversation, as zones of the unconscious that have been left untouched.

JJH   At any rate, they provide a basis for a good number of projections and dreams! We primarily want to create possibilities for further development, knowing that things will eventually get done as time goes by. Our work is essentially for the public sector and the stance we take is that of citizens as well as facilitators. On a previous project, we called this method a "progressive incursion strategy". It is the opposite of a project where you stick rigidly to the brief without anticipating what might happen afterwards. It is a kind of ecology, a response to something necessary.

AS   The funny thing is that it is not a matter of preserving these spaces-in-abeyance but of creating them so that the museum doesn't fossilise – doesn't close in on itself. It picks up on the idea of a place that is also a laboratory for innovation, like the ARC, whose existence has been so important for contemporary creation for nearly fifty years now.

> And then there are also all those traces and vestiges you found during the renovation, some of which have become invisible again but some of which you have discreetly preserved so that they might possibly get noticed: the hammer and sickle graffiti on a concrete beam, fragments of cornices, or the marks on the entrance-hall floor left by the pedestals from Pierre Faucheux's scenography.

JJH   We were asked to work on a very tight budget, which led us to seek solutions that would save money, to preserve existing elements but also to re-use some facilities. It was a question of building on what was already there, of intervening as little as possible. We were keen to preserve a heritage and a memory, and that also involved looking at the successive layers of patina: the story they tell is a museum in its own right. Beyond the practical difficulties, we have ultimately adhered to the spirit of the place and its history.

Laëtitia Badaut Haussmann, *No One Returns II*, 2010, cèdre, terre, bitume. Œuvre créée pour l'exposition « Dynasty » au musée d'Art moderne de la Ville de Paris. Production Ville de Paris, Paris Musées, avec le soutien des Amis du musée d'Art moderne de la Ville de Paris. Courtesy l'artiste et la galerie Allen.

Laëtitia Badaut Haussmann, *No One Returns II*, 2010, cedar, earth, bitumen. Work created for the exhibition "Dynasty" at Musée d'Art Moderne de la Ville de Paris. Production Ville de Paris, Paris Musées, with the support of the Amis du Musée d'Art Moderne de la Ville de Paris. Courtesy the artist and Galerie Allen.

Correspondances
Laëtitia Badaut Haussmann

Artiste, lauréate du prix Aware 2017, Laëtitia Badaut Haussmann a intégré le programme de résidence du Pavillon au Palais de Tokyo en 2011-2012 et avait précédemment participé à l'exposition « Dynasty », une exposition déployée dans le Palais de Tokyo et le musée d'Art moderne de la Ville de Paris de manière complémentaire en 2010. C'est lors de cette première invitation institutionnelle qu'elle a étudié plus précisément l'histoire des palais de Tokyo en relevant deux événements marquants qui ont participé à la profondeur perceptible, et parfois trouble, des lieux.

La première œuvre, intitulée No One Returns I, diffusait dans l'exposition de manière invisible le deuxième mouvement de Musica Ricercata, du compositeur György Ligeti. L'enregistrement avait été préalablement réalisé in situ lors d'une performance tenue secrète dans la friche du Palais de Tokyo ; un pianiste jouait au milieu des bruits ambiants, dans un paysage abîmé par son histoire institutionnelle passée, le son venant ainsi hanter l'espace d'exposition et transformer la perception des œuvres alentour. Cette œuvre se voulait une réminiscence d'une histoire passée sous silence du bâtiment pendant l'Occupation : l'usage de ces mêmes lieux comme dépôt des saisies par les nazis. Ils utilisaient les sous-sols du palais de Tokyo pour stocker les pianos et gros meubles spoliés aux familles juives déportées.

La seconde œuvre, une installation éphémère intitulée No One Returns II, est un cèdre planté à l'extérieur du musée d'Art moderne dont l'installation a nécessité de convaincre toute la chaîne administrative régente de l'espace public afin de défoncer le sol goudronné et d'y insérer l'arbre. C'est une évocation du cèdre bicentenaire qui se tenait sur le site de l'ambassade de Pologne, avant d'être rasé en 1936 pour faire place au musée d'Art moderne de la Ville de Paris. À partir de cette information tombée dans l'oubli mais loin d'être anecdotique, Laëtitia Badaut Haussmann a développé une forme aussi sculpturale que symbolique, porteuse de mémoire et de récit.

Dans le prolongement d'une recherche au long cours sur le musée d'Art moderne de la Ville de Paris et le Palais de Tokyo, Laëtitia Badaut Haussmann est venue documenter trois temps précis du chantier. À mesure que le projet prend corps, le côté brut et fruste de la construction se patine et se revêt. La minéralité et l'abstraction subsistent sous une autre forme, complémentaire à celle conservée brute au Palais de Tokyo.

Le regard de l'artiste capte à la fois l'espace, la matérialité qui le compose ainsi que les traces révélées puis recouvertes. Les photographies témoignent de ces fantômes et de ces correspondances qui constituent l'épaisseur du musée et habitent les lieux. Lors de chaque visite, le paysage architectural se transforme, le hall du musée se meut dans une danse qui n'est pas sans évoquer pour Laëtitia Badaut Haussmann la présence des œuvres de Matisse dans les salles mitoyennes au chantier. La Danse de Paris et La Danse inachevée (1931-1933) deviennent les marqueurs et les témoins silencieux de la transformation d'une partie du bâtiment historique. Ces œuvres majestueuses, imposantes par leur force, leur simplicité, leur beauté et leur silence, sont selon elle les gardiennes des murs et les garantes du rôle du musée au milieu du tumulte de la métamorphose.

Connections
Laëtitia Badaut Haussmann

Artist and winner of the 2017 Aware award, Laëtitia Badaut Haussmann joined the Pavilion artist-in-residence programme at the Palais de Tokyo in 2011–2012, having previously participated in the exhibition "Dynasty" that was held at both the Palais de Tokyo and the Musée d'Art Moderne de la Ville de Paris in 2010. It was during that residency that she examined the history of the Palais de Tokyo in some depth, identifying two significant events that contributed to the discernible and occasionally disconcerting complexity of the site.

The first work, entitled No One Returns I, presented the second movement of composer György Ligeti's Musica Ricercata, unseen in the exhibition. The work had been recorded beforehand in situ during a performance held secretly in the empty and abandoned part of the Palais de Tokyo; a pianist played in the middle of the surrounding noise, in a landscape damaged by its past institutional history, the sound thus haunting the exhibition space and transforming people's perception of the works around it. This work was intended as a reminder of a nevermentioned episode in the history of the building during the Occupation: the use of these same spaces as a repository for property confiscated by the Nazis. They used the basements of the Palais de Tokyo to store pianos and large furniture looted from deported Jewish families.

The second work, an ephemeral installation entitled No One Returns II, was a cedar planted outside the Musée d'Art Moderne. The installation involved having to persuade the entire administrative chain responsible for the public space in order to allow the asphalt to be breached and the tree to be introduced into the ground. It was a reference to the 200-year-old cedar tree that stood on the site of the Polish Embassy, before it was razed to the ground in 1936 to make way for the Musée d'Art Moderne de la Ville de Paris. From this forgotten but far from trivial information, Laëtitia Badaut Haussmann developed a form that was as sculptural as it was symbolic, a vector of memory and narrative.

As an extension of a long-term research project on the Musée d'Art Moderne de la Ville de Paris and the Palais de Tokyo, Laëtitia Badaut Haussmann documented three specific phases of the project. As the project began to take shape, the rough and rugged aspect of the building acquired a patina and cladding. Its mineral, abstract quality remained in a different form, complementary to the rugged quality that was still in evidence at the Palais de Tokyo.

The artist's gaze captures both the space and its materiality, and the traces of previous states that were revealed and then covered over. The photographs bear witness to these ghosts and relationships that are the hinterland of the museum and inhabit its spaces. With each visit, the architectural landscape had been transformed, the entrance hall of the museum evolved in a dance that Laëtitia Badaut Haussmann felt evoked the presence of the Matisse works in the rooms adjoining the building site. La Danse de Paris and La Danse inachevée (1931–1933) became signposts and silent witnesses to the transformation of a part of this historic building. She sees these majestic works, with their ineluctable strength, simplicity, beauty and silence, as the custodians of the walls, the guarantors of the museum's role in the hustle and bustle of metamorphosis.

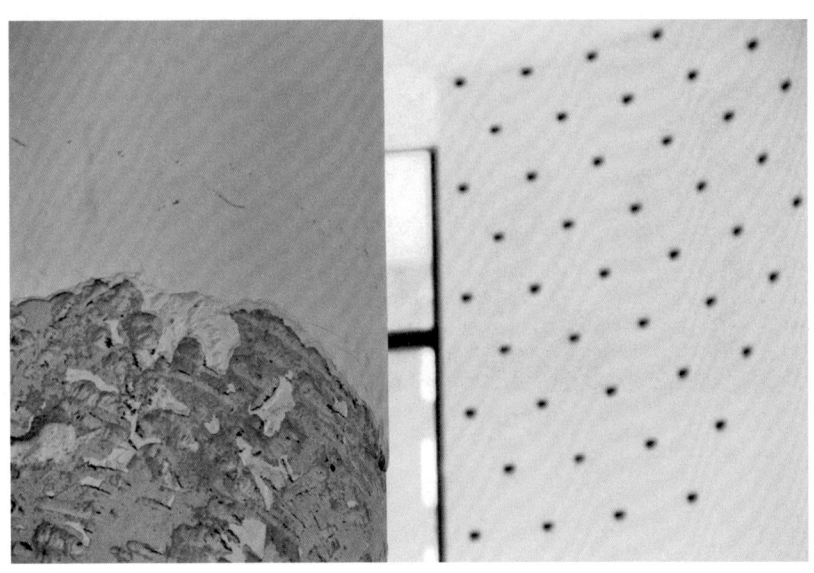

Des hommes et des savoir-faire
Myr Muratet

Le photographe Myr Muratet est étroitement associé au travail de l'agence h2o architectes ; il apporte sa vision des lieux habités, retournant sur les réalisations plusieurs années après leur livraison pour en capter les différentes appropriations, la vie quotidienne qui s'y déroule.

Il est intervenu sur le projet du musée au cours du chantier et a suivi le travail des ouvriers – maçons, menuisiers, charpentiers – qui ont mis en œuvre cette rénovation. Son regard sensible sur le lieu passe par l'observation des personnes qui l'occupent.

Myr Muratet a également assisté, en République Tchèque, à la verrerie de Janštejn, au soufflage des grands lustres en verre qui sont venus prendre place dans le hall. Ses images révèlent un savoir-faire hors du temps, des techniques ancestrales alliant précision et rusticité. Myr Muratet tisse un dialogue fin avec chaque acteur, chaque geste, pour mieux en révéler la profondeur et la fragilité.

Experts and their expertise
Myr Muratet

Photographer Myr Muratet is closely associated with the work of h2o architectes; he contributes his vision of places when they are inhabited and in use, returning to projects several years after delivery to capture the various ways they have been appropriated and how they function in day-to-day life.

He wielded his camera on the museum project during construction work, photographing the craftspeople – the masons, the carpenters, and the joiners – who carried out this refurbishment. The sensitivity of his view of the place comes from his observation of the people in it.

Myr Muratet also went to the Janštejn glass factory in the Czech Republic to watch the great glass chandeliers for the entrance hall being blown. His pictures are illustrations of timeless craftsmanship, age-old techniques that combine precision and rusticity. Myr Muratet engages in a subtle dialogue with every person he photographs in order to bring out the depth and delicacy of their every gesture.

Le musée mis à nu
Stéphane Chalmeau

Architecte de formation, Stéphane Chalmeau est photographe d'architecture. Amicalement lié aux associés de l'agence h2o architectes, il accompagne les livraisons des projets au fil des années. Il est intervenu durant le chantier du musée d'Art moderne de Paris après la phase de démolition lourde, dévoilant le bâtiment mis à nu, découpé, juxtaposant temporairement des espaces et des niveaux. Ses photos frontales proposent une vision qui se veut neutre et objective.

Quelques instants avant la livraison

Après avoir rendu compte de l'univers du chantier de démolition, Stéphane Chalmeau est retourné sur le site peu de temps avant la livraison du projet. La plupart des espaces sont désormais en place, en attente d'une appropriation par le public. Certains points de vue reprennent ceux choisis durant le temps des travaux, proposant une nouvelle lecture des lieux. L'architecture y est révélée dans son unité et sa matérialité douce. Une lumière généreuse inonde le hall en complémentarité avec les espaces d'exposition, plus neutres.
Voir cahier photo au début du livre.

The bare bones of the museum
Stéphane Chalmeau

An architect by training, Stéphane Chalmeau is an architectural photographer. He is a close friend of the partners of the agency h2o architectes and has been involved in the delivery of projects for several years. He was involved during the construction of the Musée d'Art Moderne de Paris, after the heavy demolition phase, revealing the bare bones of the building with spaces and levels temporarily juxtaposed. His front-on photos offer a vision that strives to be neutral and objective.

Just before delivery

After taking photographs of the demolition site, Stéphane Chalmeau returned shortly before the project was delivered. Most of the spaces were now in place and ready to be taken over by the public. Some of the shots are from the same point of view as those taken during the renovation work, thus suggesting a new interpretation of the site. The architecture is revealed in all its unity and smooth materiality. The entrance hall is flooded with a generous light that complements the more neutral exhibition spaces. *See photo section at the beginning of the book.*